社会工作研究方法指导丛书

丛 书 主 编　　曾守锤
丛书副主编　　安秋玲

历史
研究

Historical
Research

U0137709

[美] 伊丽莎白·安·丹托
◎著

孙志丽
◎译

上海教育出版社
SHANGHAI EDUCATIONAL
PUBLISHING HOUSE

丛书总序

社会工作是一门强调实务(practice)或做(do)的学科。它主要关注的是,如何帮助有需要的个体、家庭、组织和社区,如何促进社会的公平和正义。

或许是我们对实务倾注了大量的心血而无暇关注研究的问题。比如,我们非常强调对学生实务能力的培养,也注重专业教师要扎根于实务领域,但我们对研究的关注似乎不够。由此导致的后果之一就是,社会工作领域的研究水平不高,[①]学生的科学研究训练不足。[②]

以上这一解释颇具迷惑性,但更大的可能性或许在于我们的想法或认知:社会工作领域内的许多人都认为,社会工作主要不是一个理论或研究的问题,而是一个实务层面上的操作问题。[③] 在这里,笔者尝试通过论证"好的实务需要研究"来破解这一迷思。

---

① 沈黎,蔡维维. 社会工作研究的理念类型分析——基于《社会工作》下半月(学术)的文献研究[J]. 社会工作下半月(理论),2009(2):4-9.
② 笔者长期以来一直担任社会工作研究方法课程的教学工作,对此有一些切身的体会。
③ 文军,刘昕. 近八年以来中国社会工作研究的回顾与反思[J]. 华东理工大学学报(社会科学版),2015,30(6):1-12+39.

　　我们通常将实务描述为"需求评估、计划制订和实施、效果评估和反思"等阶段。试问：哪一个阶段不需要研究呢？

　　首先，需求评估在很大程度上就是一个调研的过程。当你进入灾后重建社区时，你怎么知道哪些人需要帮助？这些人需要什么样的帮助？什么样的帮助方式是他/她们能接受的和更方便的？因为虽然你手握资源，但你的资源毕竟有限。根据社会工作的价值追求，你希望找到那些"最"需要帮助的人，并解决他/她们"最"紧迫的需要。这是不是一个研究的问题？！同样，当你面对一个长期遭受丈夫虐待的女人时，你如何评估她的需求？这是不是需要研究？！笔者相信，我们可以列举出无数实务领域的例子来说明研究在需求评估阶段的重要性。但有人可能会说：这不就是实务的过程或阶段之一吗？这与研究有何相干？笔者相信，当我们对研究有所领悟之后，我们或许可以这样来回应这个问题：研究让实务工作者可以系统地收集资料，从而减少信息的偏差。所以，基于研究的需求评估，为实务提供了重要的基础和出发点。

　　其次，计划制订和实施阶段也需要研究。在评估完案主系统的需求之后，在尝试与案主系统一起制订服务的方案或计划时，我们并不是"想当然"地很轻易就可以做好这件事——我们需要了解，案主系统当前面临的问题或困境，是否已经有了被证明有效的干预模式或方法。这是一个文献检索并评估研究质量的过程。它需要研究！很显然，这些被证明是成功的干预模式或方法虽不能说给我们提供了现成的答案，但至少给当前的干预提供了指引的方向。在实施干预计划时，我们可能要收集量化数据或质性资料，从而为后期的效果评估做好准备。当然，我们可能还需要收集数据或资料，对干预的过程进行评估（开展过程评估）。这就涉及测量的知识或资料的收集工作——这需要研究，或者说需要掌握研究的方法。多说一句，在受过社会工作的专业训练后，实务工作者的头脑中可能装备了大量的实务干预的模式、方法和具体的技巧，但这些模式、方法和技巧绝大部分也是通过研究提炼出来的。从这个意义上来说，掌握研究方法，熟悉研究程序也许有助于我们理解这些模式、方法和技巧，从而不至于将这些模式、方法和技巧神圣化并奉为圭臬，不至于使我们缺少批判的精神和挑战的勇气。

最后，效果评估和反思阶段同样需要研究。在实务的这个阶段，我们需要收集数据或资料来评估干预的效果。至于思考应采用怎样的研究设计来开展服务效果或效益的评估，其实早在干预开始之前就已经谋划好了：是采用单组前测—后测设计、静态的组间比较设计、时间序列设计、单后测设计，还是随机控制实验设计？所有这些知识都可以通过对研究方法的研习获得。当前，我国社会工作领域的干预研究中普遍存在一种不良倾向，那就是对干预或服务效果的评估采用主观的方法：如果实务工作者自己"认定"服务或干预是有效的，那么该干预或服务就被假定为有效的。这种干预模式或做法显然是非实证的，西方把这种实践模式称为"权威为本的实务"（authority-based practice)。① 值得庆幸的是,学界已经认识到权威为本的实务模式或做法的不足或弊端,并逐渐在摒弃这种做法。是的,你不能以专家或专业权威自居,并"自认为"你的干预改变或帮助了案主系统,就指望别人也与你持相同的看法。这显然不符合社会工作实务/干预的规范模式。社会工作实务需要证据和研究!

综上所述,笔者试图表达的一个基本观点是,研究贯穿于实务的始终;②我们研究案主系统的需求,我们研究已有的干预模式或方法,我们通过研究展示干预的效果。总之,实务不仅仅是一个操作层面的问题,它需要研究!这就是我们为什么需要学习研究方法的原因之一!

行文至此,我们可以得出这样一个结论:哪怕将社会工作的学科性质定位为百分百实务导向的,我们依然需要研究!没有研究,就没有好的实务。没有好的实务,不仅意味着资源的巨大浪费,而且可能会对案主造成伤害。这是任何一个有价值追求的社会工作者(以下简称"社工")不愿意看到的。

社会工作不仅需要实务,也需要研究。社会工作领域存在大量的现象或问题,需要我们去研究,要研究就要学习研究方法。比

---

① 何雪松. 社会工作理论[M]. 上海:上海人民出版社,2007.
② 必须承认,行动研究与这一实务模式背后隐含的研究思路存在相当大的差异,具体可参阅:陈向明. 质的研究方法与社会科学研究[M]. 北京:教育科学出版社,2000:447-459.

如,中国的社工应具备怎样的专业能力?① 为什么大量的社工会辞职或流失?② 为什么绝大多数社会工作专业本科毕业生不做社工?③ 社会工作专业学生的专业认同和从业意愿水平如何,受到哪些因素的影响?④ 学生在专业实习中的体验是什么,存在哪些问题或不足?⑤ 如何准确、有效地评估学生的实习表现?⑥ 在中国快速推进社会工作职业化的过程中,其专业化程度呈现出一种怎样的样貌?⑦ 在国内开展社会工作实务,社工与案主的双重关系是可以避免的吗?⑧ 在政府购买服务的政策背景下,当专业社工

① 雷杰,黄婉怡. 实用专业主义:广州市家庭综合服务中心社会工作者"专业能力"的界定及其逻辑[J]. 社会,2017,37(1):211-241.

② Wermeling, Linda. Why social workers leave the profession: Understanding the profession and workforce. *Administration in Social Work*,2013,37(4),329-339.

③ Shouchui Zeng, Monit Cheung, Patrick Leung, & Xuesong He. Voices from social work graduates in China: Reasons for not choosing social work as a career. *Social Work*, 2016,61(1),69-78.

④ 林承彦,张兴杰,曾细花. 专业认同影响从业意愿路径的实证分析——以社会工作专业为例[J]. 高教探索,2013(3):133-138. Yean Wang, Yingqi Guo, & Shouchui Zeng. Geographical Variation of Social Work Students' Job Intentions in China: A Geographic Information Systems Approach. *Social Work*, 2018, 63 (2), 161-169.

⑤ Barlow, C., & Hall, B. L. What about feelings? A study of emotion and tension in social work field education. *Social Work Education*,2007,26(4),399-413. 徐迎春. 本土处境与现实策略——近十年来社会工作实习教育研究文献综述[J]. 社会工作,2013(5):120-127+155.

⑥ Bogo, M., Regehr, C., Hughes, J., Power, R., & Globerman, J. Evaluating a measure of student field performance in direct service: Testing reliability and validity of explicit criteria. *Journal of Social Work Education*, 2002, 38 (3), 385-401.

⑦ 安秋玲,吴世友. 我国社会工作专业化的发展:基于就业招聘信息的分析[J]. 中国社会工作研究,2014(2):74-97.

⑧ 赵芳. 社会工作专业伦理中的双重关系的限制、困境及其选择——一项基于城乡社会工作者的实证研究[J].中国社会工作研究,2013(1):51-72.

机构"嵌入"到街区时,会对专业社工与街区之间的权力关系产生怎样的影响,尤其会对社工的专业权利和专业自主性产生怎样的影响?[①] ……这些都是社会工作领域的问题。如果我们不学习研究方法,对研究的基本过程或程序不熟悉的话,我们对这些问题的回答就会是朴素的和苍白的。很显然,由于社会工作对弱势人群的关注,我们还需要对社会的弱势人群开展一些基础的调研或研究,[②]这里就不再一一列举了。最后,社会工作领域还有很多历史的、理论的和政策的问题有待研究。[③]

基于上述考虑,笔者一直在思考这样一个问题:我们可以采用怎样的方法来改变社会工作领域对研究重视不足和研究水平不高的现状。带着这一问题,上海教育出版社教育与心理出版中心的谢冬华主任、华东师范大学社会工作系的安秋玲博士和笔者走到了一起。我们决定策划一套"社会工作研究方法指导丛书",尝试为提高社会工作领域的研究水平尽绵薄之力。

本丛书所选的大部分著作来自社会工作领域。其实,在社会

[①] 朱健刚,陈安娜. 嵌入中的专业社会工作与街区权力关系——对一个政府购买服务项目的个案分析[J]. 社会学研究,2013,28(1):43-64+242.

[②] 顾东辉.下岗职工的非正式社会支持与求职行为——以上海为例[J]. 中国社会工作研究,2013,第十辑:56-81. 郑广怀.伤残农民工:无法被赋权的群体[J]. 社会学研究.2005(3):99-118+243-244.

[③] 文军.西方社会工作理论[M].北京:高等教育出版社,2013.孙志丽.民国时期专业社会工作研究[M].北京:人民出版社,2016.郭伟和.管理主义与专业主义在当代社会工作中的争论及其消解可能[J].中国社会工作研究,2004,第二辑:55-72.黄晓春.当代中国社会组织的制度环境与发展[J].中国社会科学,2015(9):146-164+206-207.王思斌.中国社会工作的嵌入性发展[J].社会科学战线,2011(2):206-222.

科学领域，绝大部分研究方法是通用的。拿实验法来说，社会学的研究者会使用它，心理学的研究者会使用它，教育学的研究者也会使用它……那么，这些不同学科中的实验法有什么不同吗？笔者的观点是，它们大体是相同的，但由于不同学科的价值追求或要求存在一定的差异，在应用该研究方法时会受到某些限制或改变（在社会工作中，随机分配案主到不同的干预模式中是一个特别具有伦理争议的话题），而且这些不同学科的作者在阐述该研究方法时会结合该学科的知识基础，这就使得读者更能理解该方法在该学科领域内的独特魅力或特殊限制。因此，选择社会工作专业研究方法著作的好处是，它可以帮助读者更加无缝衔接地应用某种研究方法、研究程序或研究技巧，从而减少知识迁移的难度。另外，如果读者能够充分利用这些著作中的参考文献，这对他/她们了解或熟悉社会工作领域内的期刊和论文也会非常有帮助。

社会科学领域内一些经典、优秀的研究方法类著作，对社会工作这样一门应用性非常强的学科来说，也是非常有借鉴意义的。对此，我们也一并纳入丛书。

本丛书既包含引进翻译的著作，也包括国内学者原创的著作。第一批拟推出十部著作，它们是《干预研究：如何开发社会项目》《历史研究》《扎根理论》《需求评估》《实务研究的质性方法》《质性研究的元分析》《准实验研究设计》《单一系统设计数据的统计分析》《寻找和评估证据：系统评价与循证实践》《社会工作实务研究：高校与社会工作机构合作模型》（书名以正式出版时为准）。

丛书计划在未来几年内先出版 10—12 本。此后,我们将陆续增选一些引进翻译的和国内学者撰写的研究方法类著作。欢迎学界同仁赐稿,并推荐优秀的英文版研究方法类著作。

让我们一起为社会工作奉献一套优秀的研究方法类图书,为提升该学科的研究水准和实务水平而努力吧!

笔者相信,在大家的共同努力和推动下,社会工作的明天会更真、更善、更美!

丛书主编 曾守锤

华东理工大学社会工作系教授、博士生导师

2018 年 5 月 14 日于上海

致谢

  去年(2007年)这个时候,要撰写一本社会工作方面的历史研究方法类图书几乎不可能。但是今天,由于(英文原版)丛书主编托尼·特里波迪(Tony Tripodi)的倡导和欧文·爱泼斯坦(Irwin Epstein)的远见,这项研究成为可能。显而易见,也受到亨特学院社会工作学院(Hunter College School of Social Work)院长雅克利娜·B.蒙德罗斯(Jacqueline B. Mondros)和社会福利博士项目主管迈克尔·弗雷布兰坎特(Michael Frabricant)的学术热情的感染。同时,也要感谢以下诸位给予我的大力支持:亨特学院和纽约城市大学研究生中心(Graduate Center of the City University of New York)出色的同事和学生,牛津大学出版社(Oxford University Press)的毛拉·勒斯纳(Maura Roessner)和马洛里·詹森(Mallory Jensen),我的丈夫也是我最好的朋友保罗·沃纳(Paul Werner)。特里萨·艾洛(Theresa Aiello)、海德·埃斯蒂斯(Heide Estes)、克拉克·萨格(Clark Sugg)的友情和信任,我的研究助理埃米·达登·阿莫斯(Amy Darden Amos)的杰出才能也给了我莫大的帮助。最后,我要感谢我的父亲阿瑟·C.丹托(Arthur C. Danto),感谢他对我精神生活给予的不懈付出。

目录

史学

　　村民们正在观看一部关于英格兰历史的戏剧。突然间,我们就进入了19世纪。"梅休上校没有质疑制片人在不到15分钟的时间里跳跃两百年的权利,但场景的选择让他感到困惑。'为什么没有英国军队? 没有军队是什么历史,嗯?'他沉思自语道。梅休太太歪着头,抗议道,毕竟不能问得太多。"相反,弗吉尼亚·伍尔夫(Virginia Woolf)似乎在《幕间》(*Between the Acts*)中说:我们必须问,问,问。

　　我们问历史问题,是为了使我们对场景的选择不那么莫名其妙,是为了不会无缘无故地跳跃两百年的历史,也是为了使我们能够知道我们永远不会问得太多。本书就是一本关于如何问历史问题的小书。

社会工作中的史学是什么

　　一些最令人兴奋的社会工作被书写成历史。简·亚当斯(Jane Addams)的赫尔之家①回忆录(memoirs of Hull House)和

---

　　①　亦译"赫尔宫""赫尔馆"。——译者注

1

4　米米·阿布拉莫维茨(Mimi Abramovitz)的美国殖民地贫困妇女生活编年史,为临床和社会福利政策的现实增添了色彩。还有,她们所描述的丰富的现实是系统发展起来的,并且符合普遍接受的方法论原则。"史学"(historiography)是用来描述历史研究方法的术语。有目的地收集历史资料只是史学的一个组成部分。"当你研究'史学'时,你并不是直接去研究过去的事件,而是去研究个别历史学家著作中对那些事件不断变化的解释……方法就是对历史形成的路径和历史被书写的路径开展研究",正如富雷和萨列福里斯(Furay & Salevouris,2000,p.223)所定义的。换句话说,社会工作中的史学不是历史本身,而是研究历史的系统过程。对"过去的事件"的研究诉诸经验,但研究"不断变化的解释"所能带来的更强烈的可能性是,我们掌握着难以理解的、被掩藏在正常情况之下的历史叙事范畴。这些史学观点允许我们去揭露那些通常在无意中被埋葬在书籍、家族、政治组织、社会阶层和文化偶像中的故事。探索历史是如何书写的,为我们提供了通往世界已知和未知领域的入口。

　　史学分为许多不同的领域,第一个领域研究的是在不同文化和时代背景下,历史学科是如何发展的,即在特定的时期内,相关特定主题的历史著作是如何产生和为什么产生的。例如,"20 世纪 60 年代的社会工作史学"指的是在 20 世纪 60 年代这十年中发展起来的关于社会工作历史的方法论路径(methodological approaches)和思想。史学的第二个领域是由研究者运用特定的方法、路径、技术和指导原则去系统收集实证信息，以便发展出一套可以用来辩护的历史叙事而形成的。第三个同样具有冒险精神的史学领域聚焦社会工作如何发端和在哪发端（事实上，这正是它的本质）、社会工作如何发展及其今天处于什么地位的深刻讨论。在美国，没有哪一种专业要比社会工作对人类的需求有更宽泛的认识。大胆但也实用，社会工作与众不同地将追求社会正义与对个人、伴侣和家庭的临床治疗放在同等重要的位置。然而，在20世纪的大部分时间里，宏观和微观实践方法的支持者们一直在挑战彼此对社会进步主义和人文主义价值观的承诺。探索这种长期争论的历史研究可能会使研究深入到更引人入胜的领域，如福利国家的起源、奴隶制的影响、儿童福利（child welfare）领域中"儿童权利"观点和"家庭保护"思想的比较，或者心理健康领域中对天性和教养的基本讨论。

社会工作中的史学与中世纪英语或量子物理学中的史学有着相同点和不同点。和其他领域的历史研究不同，社会工作的历史研究者必须同时追求两条线索：一条线索是将社会工作看作在社会服务机构（social service agency）持续运行范围内对案主作出回应的实践；另一条线索是把这种实践放到机构所在社区更广大的（甚至全球的）政治、语言、文化背景中。和所有史学一样，社会工作中的历史研究需要对如何能最好地实施研究作出决定。

历史的想象力是巨大的，而个人的研究被特定方法论的基本原则限定了，这些限定包括：对问题的界定，可检验的假设（testable hypothesis，或同样的研究问题），变量（variables）的定

5

义,历史资料的收集和分析,以及对研究结果的解释。一项研究必须提出好的学术问题,然后试图通过分析系统收集来的实证资料来回答这些问题。社会工作中的历史研究必须考虑到信度(reliability)和效度(validity)。与其他学科的史学一样,资料从以下四类历史证据中收集:(1)原始资料(primary sources)或原始文件,一般来自公共和私人的档案馆藏;(2)二手资料(secondary sources),其他学者撰写的历史著作;(3)实录(running records),如机构报告、案件说明;(4)回忆(recollections),如自传、回忆录(memoir)、口述史(oral history)。此外,实物和手工艺品(包括建筑、地图、物品、样品、艺术品)都提高了历史研究的信度。

在过去的几十年里,环境(文化、社区、原籍地)、建构(主观、叙事、移民)、偶然性(时间、地点)和能力(个体或集体资产、复原力)等问题变得越来越重要,批判性思维也是如此。在新的思想体系中,后现代和多元文化方法论使社会工作者对前几代人特别是对被剥夺权利和被边缘化的群体的生活经历有了更深刻、更丰富的认识。"后现代运动对社会工作产生了巨大的影响,"琼·莱尔德(Joan Laird)在1995年写道,"现在就想知道这种范式转换影响有多广泛还为时过早……然而,它正在迫使人们重新审视社会工作领域一些长期存在且根深蒂固的假设。"史学以它深远的眼界和深刻的方法论推动着这场重新审视的进程。严格来说,它对社会福利政策、社会环境中的人类行为、临床和社区实践的学习和教学,当然还有研究都非常有用。

社会工作研究方法的重要性

社会福利和社会科学中的历史写作带着它的热烈追求,通过奴隶叙事、移民民俗和城市传说,推动着儿童福利、精神分析(psychoanalysis)这些有趣的学术问题的发展。为了建构这种知识,社会工作学者使用了许多参照系。这些参照系包括但不限于民族背景、种族、阶层、性别、性取向、能力、语言使用以及宗教、文化和政治身份。知识建构的潜力在很大程度上取决于我们将要如何把这些不同的框架纳入我们的研究中。如果执行得当的话,一项历史研究可以把其中的一些框架结合起来并创造出一种交叉研究的视角。例如,在一项奴隶叙事的研究中,种族与阶层是如何交叉的?在一项福利权利组织的研究中,我们能找到性别与政治的交叉点吗?

挑战在于找到研究历史的真正有意义的方法。为此,我们可以仔细审查任何一个不同的新框架或视角,去发现一种能从中理解历史主题或事件的新语境。例如,简·亚当斯工作与生活的叙事就涉及多元的探究:妇女与性别史(女性主义视角和性别视角),慈善语言的建构和解构(后现代视角),睦邻之家运动(settlement house movement)的编年史[经验史学(empirical historiography)]。其中的每一个视角对历史研究和历史书写来说都有着深远的可能性和意义。

历史研究的结果十分实用:它可以为当代社会服务项目或社区发展模式提供蓝图,也可以影响针对个人或家庭的临床工作方

7

法。例如,目前各级政府正在讨论全民获得医疗保健机会(以及一般框架范围内的心理健康服务的地点)的问题。公民是否有享受心理健康服务的社会权利,不论他们的支付能力如何？一项历史研究指出了 20 世纪 60 年代全民医疗保健的成功或失败尝试的主题,可能会为解决这一公共政策问题带来有趣的启示;它还可以将大量的参照系组织起来,比如这个事件中的社会阶层、能力和文化。当今,在有组织的心理健康服务提供者中,由支付能力而产生的压力正日益成为占主导地位的政治议题。因此,重要的是要确定除服务提供者之外,消费者/案主在历史上是否认为全民医疗保健经验是充分的、有效的和公正的。这样,基于历史的分析就有可能应用于项目规划。

最后,历史研究经常能从一个机构几十年来对服务的关注及其对政治的反应角度来提供新的评估策略。因此,史学的研究能对我们从思想和经济维度来理解社会工作专业起到相当大的作用。例如,探讨为什么在 20 世纪 60 年代美国医生不像欧洲同时代人那样赞同全民医疗保健,这可以用来说明今天社会服务的发展与障碍问题。

本书主要写给攻读社会工作博士的学者。我期望,不管怎样,8 社会科学和行为科学中的广大学者会发现它是有用的。特别是没有读过相关史学书籍的社会工作和社会科学教育者,现在有机会获得这样一本关于历史研究的方法类著作,可以从中获取讲稿、历史研究指南以及生动的教学法。一项研究的写作者需要解释技术概念及其意义,而且要对书写历史是一种解释工作的观点感到兴奋。社会工作领域的学者发现,历史研究既有挑战又很有意义,因为历史研究有意识地培育了案主从中得以产生的背景和文化发展。与此同时,这种研究还提高了对社会工作者的尊重,因为他们的职业往往与看似顽固的人类问题、案主的短暂性、对制度化种族主义、性别歧视以及其他污名化的范式的警告有关。

社会工作中的历史研究有其独特的记录方式。至少从 20 世纪 50 年代起,历史在社会工作的准则中找到了自己的奇妙位置,主要是基于在一个以现在为中心的职业中关注过去。跨学科的社会福利史小组(Social Welfare History Group)是专业历史学家和社会工作者共同努力的结果,与美国政治经济发展同步波动(Fisher,1999)。然而,社会服务是,而且一直是社会工作者独特的赋权(empowerment)技术系统、伦理标准以及合作策略在联邦、州和地方层面产生深远影响的领域。罗伯特·巴克(Robert Barker)的《社会工作和社会福利发展的里程碑》(*Milestones in the Development of Social Work and Social Welfare*,1998)为这一专业提供了一个很好的历史研究视角。1999 年,罗伯特·费希尔(Robert Fisher)对历史研究在社会工作中的地位进行了研究,通过考察社会工作学术论文这一指标,探讨了社会工作中历史研究的发生率、持续性和边缘化问题。尽管其他方法占主导地位,但历史研究作为一个社会工作领域博士研究的合理方法有着坚实的传统。然而,"历史研究的现状似乎非常短视,"R. 费希尔和迪比茨

(Fisher & Dybicz, 1999, p.105)指出，"特别是考虑到其他社会科学学科的发展以及目前社会工作研究面临的挑战。"幸运的是，这是一种完全可以得到纠正的局面。

9 　　如今，建立在案主优势、社区创建、教育赋权基础上的标准的修辞呈现出新的复杂性。试图去解决在社会工作者和案主、压迫者和被压迫者或者是教师和学生之间长期存在的权力差异的尝试常常被社会、文化和语言上的差距掩盖。从历史研究项目一开始，对过去事件及其当前后果的兴奋就会影响研究者对深入研究过去很久的生活和生活方式的成本和收益的思考。接受历史的多样性——学习和教导每个群体如何谈判权力——就变得非常必要。

总结

　　历史写作可能看似简单，虽然是从一个单一的文档或日志开始，但它绝不是一串简单的事实。它与定量分析和自然科学的写作有着很大的不同。研究者必须通过了解原作者、他们来自哪里以及他们的故事如何随着时间推移而变化来耐心地筛选文献。由于这个原因，本书包括一个档案资源数据库、档案馆研究指南以及美洲印第安人档案（American Indian archives）的资料传递特别协议。一方面，要对细节给予极大的关注，因为文献的物理要素（如书写技巧或纸张质量）以及语言的使用能反映出社会阶层、环境、教育和社会经济地位；另一方面，我们决不能忽视文献的总体性叙事，这正是细节所在之处。不管它们的艺术价值或金钱价值如何，文献总能为我们提供吸引人的历史关联。另外,由于大量的历史是以非传统的形式被保留下来的,所以本书还包含开展文化敏感性(culturally sensitive)口述史访谈的指南。

在接下来的几章中,会提到社会工作和社会福利史方面的许多重要著作,比如,罗伊·卢博夫(Roy Lubove)的《职业的利他主义者:作为职业的社会工作的出现(1880—1930)》(*The Professional Altruist: The Emergence of Social Work as a Career,1880‐1930*)和《为社会保障而奋斗(1990—1935)》(*The Struggle for Social Security,1900‐1935*)。詹姆斯·利比(James Leiby)颇具特色的重大综合尝试性著作《美国社会福利和社会工作史》(*Social Welfare and Social Work in the United States*),以及莱斯莉·莱宁格(Leslie Leighninger)的《社会工作:寻找身份》(*Social Work: Search for Identity*)也提供了优秀的参考资料。不过,你在这里找不到对社会工作史和社会福利史文献的综合回顾,也查找不到其历史本身。请开始书写历史吧!

历史上有不少轶事与社会工作历史有关,因为与专业本身一样,对人类多样化的多维度关注是社会工作的极大优势之一。社会工作是全球多元文化社会的试验场,是在 100 年前为扩大政府对被其他机构拒之门外的公民的影响力而设立的专业。在美国,几乎没有一个专业拥有比这更戏剧化的故事了。

第一章

史学方法

　　妮科尔·尤斯塔斯(Nicole Eustace)问道:"是不是在历史上,就像在人类知识的所有领域一样,我们最终准备承认,没有单一的历史和一个完整的体系能够涵盖和解释我们想知道的一切?"(Eustace,1993,p.77)尽管历史学家在历史事件产生的原因以及如何研究这些问题上一直存在分歧,但自从 20 世纪 60 年代中期以来就出现了一系列用来描述历史如何发生的有见地的方法。每种方法都有一系列突出的特征,但所有方法都试图根据特定的当代目标——揭示普通人的日常生活——来重新审视新的和旧的原始资料。研究者、学者和历史解释者会选择一种最适合他们政治意识形态的方法,然后去探索文化关系,并将过去置于人文主义研究的世界中。本章描述的方法是经验主义的(描述性的)、社会的、文化的、女性主义的、后现代的、后殖民的,并且选择了每一种方法的子集。它们的确有重叠,研究者的选择将会受到这种规则的驱使,即使用最令人兴奋的图像、最能唤起人们回忆的叙事,以及——不可避免地——使用在个人看来最相关的方法。

经验史学或描述性史学向我们保证被记录下来的事实是最
重要的，而且读者和学者们也在分享他们对准确性的关注。社
会史学（social historiography）本质上也是经验的，它严格聚焦社
会范畴和群体（而不是个体）的行为趋向。文化史学（cultural
historiography）则竭力主张要削减我们把事实作为客观实在的执
着，然后开始认真讨论社会建构（social construction）的影响，包括
文化的重要作用对作为主观经验的历史事件的影响。女性主义史
学（feminist historiography）认为，史学应该系统询问女性是如何
经历、发展或记录事件，以对抗男性主义在历史上的权势的。在后
现代史学（postmodern historiography）中，传统的考证法在试图去
揭示权力关系、社会和政治行为多样性的更细微的解释中遭到强
烈的知识审查。后殖民史学（postcolonial historiography）提供了
一种不同的观点，它为我们提供了这样一种逻辑：它能削弱传统
上压迫性的种族和经济政府在历史上的支配地位。马克思主义史
学（Marxist historiography）与经验史学的线性形成了鲜明对比，
定量史学（quantitative historiography）既可以单独使用，也可以与
许多其他方法相结合。当然，无论选择哪种史学方法，对任何研究
来说，内部的信度和外部的效度都是至关重要的。

经验史学

经验史学基于由 G. R. 埃尔顿（G. R. Elton）提出的描述性历
史模型。埃尔顿认为："历史方法不过是一种从过去留下来的东西

中提取事实和真实事件的、公认的和经过检验的方法。"(Elton，1965)埃尔顿反对分析和语境解释，他支持实证主义(positivism)的研究传统。实证主义者通常假设实在是一个客观的所与(given)，是可以通过独立的度量法、工具和观察者(研究者)来给予科学的准确描述，所有这些都是价值中立的。描述性历史运用了有趣的定量研究形式，包括用正规的统计方法和数学方法来生产可证实的知识，与当代解释性方法收集资料相反，它虽然被认为是有价值的，但过于确定。在最好的情况下，描述性历史叙事充满了有趣的细节和生动的画面，应该能帮助读者描绘出事件发生的原始情况。

再有，许多人参与了事件的创造，而且对事实的陈述远不是价值中立的。例如，即使对某本书从手稿(manuscript)到印刷稿发行过程的纯粹描述性历史，也需要说明在这一过程中进行的许多美学和经济学决策。一项好的研究应该传达这一过程中的思想。传奇作家、插图画家、字体设计师、营利和非营利造纸商、装订工和印刷工，以及出版社的员工都可能会加强(或阻挠)写作者的意图。后期制作、批发和零售书商、图书管理员和购书者或图书馆的读者，都对图书的发行有发言权。所有这些个体和群体最终都影响着实体书籍的发行路径，每个个体和群体都应该在这些路径的描述性历史中被区分开来。

描述性历史是对事件严密的自然描述。那么，事件是如何日复一日，甚至每时每刻被组合起来的呢？什么样的文字适合去描述它？它又是谁写的呢？事件是用图片来说明的吗？是什么类型的？这些说明的边界在哪里？又是怎么保持这个边界的？谁记住了事件？在什么情况下记住的？为了准确经济、完整客观地描述一个人或一件事的全貌，描述性历史的写作者必须利用科学的精确性，要保证所有细节的正确性，而且要谨慎地引用所有的原始资料。这些精确的学术展示经常会在一个时间轴上来对比文献，使我们能区分一个特定事件和另一个事件，而且能辨识出单一事件内部的重要变化。因此，无论社会工作者感兴趣的领域是什么以及他们研究的时间段是什么，优秀的描述性历史对社会工作者来说是不可或缺的。由于传统描述性历史并不适用于所有领域和所有时期，特别是被剥夺权利的群体和有争议的事件的历史，社会工作者应该特别努力去重新捕捉 14
那些以前被忽略的资料。

例如，在《经验主义与历史》(*Empiricism and History*)中，斯蒂芬·戴维斯(Stephen Davies)解释了历史学家所说的经验主义的含义，就是要考察经验主义的起源、发展及其持久性，而且要展示学生们是如何将这些方法运用到自己的工作中的。克拉克·A.钱伯斯(Clarke A. Chambers)和彼得·罗曼诺夫斯基(Peter Romanovsky)至今仍然经典的《社会服务组织》(*Social Service Organizations*, 1978)，利用从档案、年度报告和其他来源资料中获取的资料，为我们提供了一个关于近200家"已经成为美国社会工作一部分的国家和地方志愿社会服务机构"的历史和活动的简明叙述。

微观史学(microhistory)是对过去开展的一种极小规模的研究,它作为经验史学的一种有趣而带有文化色彩的新方法,出现在 20 世纪 60 年代。微观史学与宏大叙事(grand narratives)——有巨大影响的百科全书——形成鲜明对比。正如马格努森(S. G. Magnússon)写道:"'历史单一化'的思想方式基于这样的事实:不可能只知道故事的微小片段,因为原始资料只保留了一小部分时间,而且如果范围扩大的话,那么我们获得对已发生事件理解的可能性就会进一步降低。"(Magnússon,2006,p.907)这种思想方式表明,许多人的经验在一个例子中就可以被捕捉到。如果把一个历史时刻置于一个微观层面来看的话,正如它本身那样,会为我们提供一种对人类关系的直接审视,这种审视在更广泛的文化历史中是罕见的。大多数微观史学是有关特定的小城镇、村庄、单一教学医院或医疗机构的个案研究,这类研究基于这一观点:重大事件植根于组织或社区内的个体行动。有些研究是对个人的研究,至今这些研究都被认为是次要的,而且大多数研究都具有传统上与人类学和社会学领域相关的经验可靠性。因此,微观史学研究的影响要大得多(与仅仅为了当地社区固有利益而写的地方历史不同),并影响了那些相信可以从个案研究中归纳历史趋势的研究者。

例如,当纽约市政档案馆(Municipal Archives of the City of New York)馆长迈克尔·洛伦齐尼(Michael Lorenzini)决定研究

一组图像时,他意识到,在玻璃底片和印刷品上所有的 2 万张图像 15
都是由一个不知名的人创作的。1903—1934 年,该市桥梁部门的
一个员工用有说服力的照片记录了这个城市基础设施的发展:地铁
隧道、渡船、电车线路、曼哈顿与皇后区大桥、市政大楼(Municipal
Building)。这位员工的名字叫尤金·德萨利尼亚克(Eugene de
Salignac),直到洛伦齐尼研究了他的作品并将其作为微观史学全
部写出来,他的名字才真正为人所知。从《纽约崛起》(*New York
Rises*)中,我们可以概括出关于城市发展、反映纽约移民就业和迁
徙的社会政策,以及在调和美国现代主义固有的剥削和宏大愿景
方面固有的挑战。

社会史学

作为一种明确的方法,社会史学为我们提供了许多用于系统
研究的分析工具。这些工具(测量证据的信度和效度,历史问题的
清晰定义,理论框架或假设,社会角色和功能的相关问题)也为我
们提供了一个用来评估历史研究价值的框架。因此,社会史的作
者经常参与到详尽的研究工作中,他们发现自己正在做一种探查
工作,就是追踪足够多的原始文献、物品和记录[例如,人口普查
册、法庭记录和报纸(newspaper)索引]来描述以前很少人(如果有
的话)认为值得历史关注的东西。历史事件是研究的核心,其中个
人的社会地位是由一个群体的情况来决定的,而且被置于社会范
畴的机制中。历史事件可以以封闭和完美的形式呈现出来,这一

事实并不会降低社会史的价值,它给我们展示了劳工史(labor history),其聚焦于工人、妇女和少数族裔的经历;城市史;非裔美国人、家庭、儿童、医学、社会阶层以及更多的其他历史。

社会史从大量系统的历史证据中筛选出它们的叙述,来追踪社会规范、社会行为以及社会趋势如何发展。一个社会的政治和经济要素是综合的,因此个人的经验可以被置于一个更广阔的视野之中。人们遵守或创造社会规则吗?地位源于权力,还是传统权力赋予地位?这类问题对社会工作者非常有帮助,因为他们每天要面对所谓的越轨行为,而且他们不得不试图将这种行为定位于个体及其所属的社会群体,或者更有可能是两者的结合。

例如,约翰·韦尔什曼(John Welshman)的《社会工作的社会史:"问题家庭"的问题(1940—1970)》(*The Social History of Social Work: The Issue of the "Problem Family", 1940 -1970*)通过四个不同利益群体[优生学会(Eugenics Society)、和平主义者服务单位(Pacifist Service Units)、医疗卫生官员(Medical Officers of Health),以及专业社会工作学者和从业人员的广泛联盟]的视角,考察20世纪50年代人们对"问题家庭"态度的演变,以此作为探索1940—1970年英国社会工作史的一种手段。韦尔什曼得出的结论认为,追溯对"问题家庭"的态度演变揭示了社会工作专业人士是如何与其他专业群体产生分歧但又保持密切联系的。

文化史学

对今天许多写史的人来说,写作者对证据采取的史学方法比个别的历史事实(historical facts)更有意义,从而使事实在形成历史叙事的过程中变得有用了。作为一种方法,文化史学关系到整个历史事件的研究:它的描述性历史,当然还包括该事件所发生的多层次文化体系的影响。例如,专注于社会工作的文化史学家的素养既包括对所描述事件(及其时代)和参与其中的普通人的深刻认识,也包括对社会工作理论和那个时期机构实践的同样深刻的认识。

文化史学家卡尔·朔尔斯克(Carl Schorske)的新书《用历史去思考:现代主义道路中的探索》(*Thinking with History—Explorations in the Passage to Modernism*)将经验主义者的精确性与文化的阐释性结合到了一起。朔尔斯克着迷于历史观念反映时代的方式,以及生活在那段历史中的人的态度。为了查找导致20世纪现代主义形成的19世纪思维方式,朔尔斯克试图研究群体行为(就像一个社会史学家会做的那样),同时也借鉴了个体经验。正如朔尔斯克和其他人所实践的那样,史学的文化模式探索了更广泛的文化力量,如媒体或性别模式,同时也试图为个体经验提供新的视角。它试图去探索描述性历史中被描绘的事件与经历过它的人所想象的事件之间的关系。这种关系经常很难解释,提供消息的人偶尔会出错,而且记录员也会有许多偏见。

今天的文化史探索流行的仪式、当地的传统、独特的生活方式、对历史经验的本土解释,以及对知识、习俗与艺术的书面和口

17

头描述。音乐、舞蹈、体育、电视、流行和时尚、教育、技术和建筑是文化史学家的一些研究领域。在某种程度上,改变文化的重大事件也是文化史学家的研究领域。例如,1954 年,参议员约瑟夫·麦卡锡(Joseph McCarthy)开始对美国军队中所谓的共产主义者进行电视听证;1955 年,美国劳工联合会(American Federation of Labor)和工业组织大会(Congress of Industrial Organizations)合并,使新的美国劳工联合会-工业组织大会(American Federation of Labor and the Congress of Industrial Organizations,简称 AFL-CIO)成为一个拥有 1 500 万名成员的组织;同年,乔纳斯·索尔克(Jonas Salk)博士研发了脊髓灰质炎疫苗。曾经被认为太小、太模糊或没有统计学意义的社会范畴现在被纳入历史写作者的视野;实际上,现在这种社会范畴的附属性质被视为边缘化,本身就是主流文化范式的反映。例如,女艺术家是一个小范畴吗?读过大多数艺术史书籍的人可能都会这样认为。还是说女艺术家是一个代表性不足的社会范畴,因为她们不符合男性主义的标准?这正是文化史试图在此发展出的一个可替代的——而且往往更准确的——可以解读历史证据的地方。

在新型的文化史学中,女性主义、后殖民主义(postcolonialism)和文本主义之间是相互关联但又各有不同的,每一种观察过去的视角都是以这样的假设为基础的,即每个人都嵌入在由多重类型身份与权力构成的矩阵之中,包括但不限于种族、阶层和性别。没有两个人是完全一样的,他们在这个矩阵中的位置也是不同的,但

是每个人的历史都扩大了我们对矩阵的理解。在我们对人和事件
的理解中,每种方法都是同样重要的,虽然不同的思想视角吸引了
不同的历史写作者,这取决于他们自己对矩阵的看法和矩阵内的
情况。历史写作应该进一步加深我们对社会、文化和政治变革的
理解,这些变革塑造了我们熟知的世界,并因此塑造了作为个体的
我们自己。如果我们相信过去是对人类经验多维度的记录的话,
那么研究历史可以为我们解决当代社会问题的努力增加深度。

女性主义史学、性别史学和酷儿史学

"几个世纪以来,历史是以一种权威的、超然的声音书写的,表
达着一种逻辑进步、客观、完整的错觉。"美国历史学家尼娜·拉特
纳·格尔巴特(Nina Rattner Gelbart)写道,"它声称已经发现'事
情的真实样子',事情如何变得科学和真实,而且介绍了一个线性
的、无漏洞的故事。最近,这种经验主义者确定性的假设遭到了攻
击;一劳永逸地恢复过去,即'整个故事',现在看起来是一种天真
而奇怪的自负。"(Gelbart,1998,p.9)实际上,今天许多社会工作
研究者对霸权主义的历史叙事持保留意见。支配当前表达系统的
占主导地位的社会群体(如新闻媒体)似乎要代表被剥夺权利群体
或"他者"群体说话。这样,这些群体(妇女、有色人种、移民等)通
常被建构为社会主流"中心"的边缘群体。传统的社会史常常忽视
"他者"的观点和经验,好像他们几乎既没有存在过,也没有影响过
历史事件的过程。结果,各类全新的历史写作出现了,进而挑战和

19　抵消了这种边缘化。阿布拉莫维茨(Abramovitz,1996)强烈质疑了社会福利史中性别中立的假设,并写下了"妇女与福利国家间关系的不为人知的故事"。同样,公共史学家通过强调非传统证据(口述史、照片、影片、多媒体、表演和实验性叙事)进一步阐述了学术史的方法:一部从奴隶叙事中获得的奴隶制历史,听起来与农场主书写的奴隶制历史是非常不同的。

女性主义史学是历史叙事中自觉赋予女性以生命意义和价值的一个具体而有效的研究视角。用女性主义视角研究事件会使我们质疑公认的历史传统背后的假设,并对久负盛名的学术提出挑战。为了使女性有意识或无意识地在从用男性视角写成的关于男性经验的叙事中成为活跃而有影响力的代理人,文献的重建是必要的。在传统历史中,女性保持着传统赋予的性别角色,很少被包括在诸如外交和国内政策、工业增长或政治等社会叙事之中。幸运的是,这种情况在 20 世纪 70 年代中期,随着琼·凯莉-戈达尔(Joan Kelly-Godal)具有分水岭意义的文章——《性别的社会关系:女性历史的方法论意义》(*The Social Relation of the Sexes: Methodological Implications of Women's History*)的发表而发生了很大的改变。她建议通过研究与女性解放或压抑有关的社会变化,"将女性归还给历史",即质疑社会公认的(男权主义的)历史观点,并揭示之前被隐藏的、被征服的或被边缘化的知识。由于这个原因,专注于社会工作(毕竟,70%的社会工作者是女性)的研究者有必要去重新审视历史叙事、概念和编年史,以便与男性主义历史准则作斗争。

在女性主义历史的经典著作《规范女性生活：从殖民地时代至今的社会福利政策》(*Regulating the Lives of Women: Social Welfare Policy from Colonial Times to the Present*)中,阿布拉莫维茨(Abramovitz, 1996)对美国社会福利政策进行了批判性的历史分析,认为"贫困女性化"(feminization of poverty)并不是最近发展起来的,而是可以追溯到殖民时期,关键的社会福利计划[社会保障、对有子女家庭的补助计划(Aid to Families with Dependent Children,简称 AFDC)和失业保险]的规定总是建立在意识形态基础上的,与将家务和育儿责任分配给女性有关。

20

在 20 世纪 90 年代中期,一些写作者宣布女性主义历史已经过时,并决定将他们的分析转向一种更具包容性的性别概念。例如,琼·沃勒克·斯科特(Joan Wallach Scott)提出的新观点,即性别(gender)比女性(women)更实际,因为它适合所有的人际关系和社会结构。对斯科特来说,预先定义的种族、性别、社会阶层或族裔类别限制了我们将人类经验历史化的能力。她 1991 年的"让经验变得可见的项目"(project of making experience visible)试图反驳"意识形态系统本身的运作方式"以及作为固定身份的陈述范畴[(同性恋者/异性恋者,男性/女性,非裔美国人/白人)(homosexual/heterosexual, man/woman, black/white)]。(社会)性别(gender)①

---

① 本书中 gender 和 sex 两个词都译作"性别",前者侧重指(社会)性别,后者侧重指(生理)性别。两者未同时出现时不作区分,同时出现时分别译作(社会)性别、(生理)性别。——译者注

被概念化为一种历史上特定的社会结构,它是按(生理)性别(sex)进行分类的属性,而且与男性的(社会)性别认同和女性的(社会)性别认同同样相关。这些属性包括道德上的、身体上的、行为上的和心理上的。性别史学(gender historiography)除了探讨被认为是男性或女性的经验和期望之外,还探讨个人、群体和制度之间关系的历史。

在《身体性别化:性别政治与性别建构》(*Sexing the Body: Gender Politics and the Construction of Sexuality*)中,安妮·福斯托-斯特林(Anne Fausto-Sterling)追溯了文化偏见是如何成为当前性别科学思想的基础的(Fausto-Sterling,2000)。她批判了科学本身,揭示了在文学、修辞学,甚至支持新研究的理论结构中的历史矛盾。她解释道:"我在这本书中提到的主要观点之一是,给某人贴上是'男性'还是'女性'的标签是一种社会的决定。我们可以运用科学知识来帮助我们作出决定,但是只有我们对(社会)性别的信念,而不是科学,才能定义我们的(生理)性别。而且,我们关于(社会)性别的信念会首先影响科学家生产出何种有关(生理)性别的知识。"

正如我们所看到的,历史研究的写作者及其描述的"他者"一样,都是故事的一部分。在理解历史是什么以及如何书写历史的新方法中,酷儿①史学(queer historiography)认为,传统线性的历史书写叙事形式掩盖了(社会)性别的复杂性和社会矛盾。因此,

---

① 酷儿为"queer"一词音译,尤指男同性恋者。——译者注

在有色人种女同性恋者和酷儿创作的文本中，可以看到对同性恋
历史主体的表述，而且这些表述往往交织着非线性叙事，如"自传、　　21
诗歌、文献资料、女性主义理论"。酷儿史学正是在这些日常生活
叙事中产生的，因为传统的历史写作者支持异性恋主流价值观
（heteronormative）霸权。例如，麦卡锡时代的异性恋主流价值观
历史没有告诉我们，正如约翰·德埃米利奥（John D'Emilio）在分
析 1940—1970 年美国同性恋运动中所做的，更多的人因被视为同
性恋而失业。承认一个新历史身份的过程涉及新的史学方法和对
同性恋者明确的政治立场。同样，这个过程需要我们创建一个原
始的知识体系，以便将过去那些被遗漏或被忽略的生活信息传递
给最终会付诸实践的读者。

例如，在《纽约同性恋：性别、城市文化与男同性恋世界的形成》
（*Gay New York: Gender，Urban Culture，and the Making of the
Gay Male World*）的导论中，乔治·昌西（George Chauncey）写道：
"第二次世界大战前蓬勃发展的同性恋世界在大众的记忆中几乎完
全被遗忘，而且被专业历史学家忽视；它本不应该存在。"（Chauncey，
1994，p.22）昌西对酷儿史学的运用是双重的。他将社会史的经验
框架运用到一个被边缘化的群体中，并仔细地建构了一个被明确界
定的酷儿群体——男同性恋者——如何在一个特定的时间段内在
一个地方度过他们一生的历史。并且他的作品实际上并没有指责
其他持反对意见的历史学家，但其中蕴含的意思是明确的：在这一
点上，研究边缘人群文化史的人也正在书写"常人的"世界，在其中，

后者在自己与被污名化的"他者"之间创设了界限。

后现代史学、公共历史和后殖民主义

在最近的 30 年左右,后现代主义(postmodernism)对历史书写产生了巨大的影响。将后现代主义归结为一个主要的概念框架是困难的,除了后现代主义的立场,没有绝对的或真正的方式来表现历史。有时被称作文本历史(textual history)或文本批判(textual criticism)的后现代史学的主要方法是解构主义(deconstruction)。解构主义最初被作为一种文学批判方法,但很快扩展到其他领域,法国哲学家雅克·德里达(Jacques Derrida)推动了解构主义的发展。至少在历史文本方面,解构主义是为了揭示历史写作者不知不觉中使用的微妙修辞和文化手段的影响。解构主义认为,一部特定的作品有着多种相互矛盾的解释,而且作品的真正含义不一定是写作者要表达的意思。德里达的《论文字学》(De la grammatologie)清晰表达了解构主义的策略,从那时起,后现代主义者扩展了他们对人的身份的看法,认为它是流动的、易变的,而且与文化有着深刻的联系。

法国历史学家米歇尔·福柯(Michel Foucault)特别质疑了社会范畴的建构,他认为社会范畴的建构比较狭隘,仅仅是霸权性语言和假设的复制。福柯让我们意识到权力的社会用途是建构支配和被征服的范畴,而所谓的社会"边缘"的存在仅仅是为了维护特权的规范中心。福柯与乔纳森·戈德堡(Jonathan Goldberg)的后现代历史批判主义(postmodern historical criticism)与现代主义形成了鲜明的对比,大约从 20 世纪初期一直持续到 20 世纪 60 年代。

现代主义以摒弃 19 世纪实证主义学术为特点,反对传统的道德准则、品位、惯例和经济观念。与此同时,现代主义范式声称社会进步是必然的,并暗指随着社会的进步,文化同质性的进步也是必然的。这恰恰是这样一种观点,即无视非白人、妇女、穷人和其他被剥夺权利的群体——换句话说,社会工作的案主——所面对的被压迫的现实。约翰·霍普·富兰克林(John Hope Franklin)在他关于种族和历史的散文中说:"很显然,已经发生的事情是一回事,被历史写作者描述为已经发生的事情恰恰是另一回事。"富兰克林继续说道,"在非裔美国人历史写作中发生的变化,在某些方面与写作者试图描述的事件本身同样重要,甚至更引人注目" 23 (Franklin,1989,p.42)。案主如何界定历史、社区、法律和社会规则? 社会工作者要遵循政府或福利、社会或经济的哪个定义呢? (Parton,1994)

后现代主义扩展了这些对立的观点,对人类行为假定出一种故意不分类的立场。例如,福柯就否定了关于个体进步和"正常"发展的渐成(epigenetic)阶段的假设。相反,他告诉我们去检查(不是定义)相对"他者"、权力和权威来说,我们是谁。虽然后现代主义在社会工作中是以令人钦佩的目标开始的,即遏制或至少是修正特定文化价值观的强制行为,但它很少受到学术界的青睐。

　　例如,福柯非常有影响力的著作《临床医学的诞生:医学视角的考古学》(*The Birth of the Clinic: An Archaeology of Medical Perception*)1963 年在法国出版,1973 年被译成英文。福柯追溯了作为机构的诊所(clinique,译为"诊所",但这里主要指一所具有教学性质的医院)的历史发展,并由此扩展到医疗行业。具体来说,他拓展了医学的多面概念,以探索医学专业人士将"病人的身体"与人相分离的非人性化的文化建构。另一个有趣的例子专门针对社会工作专业,莱斯莉·马戈林(Leslie Margolin)通过对社会工作文本(主要是个案史)的详细研究,认为社会工作掩盖了自己的假设和权力主张,以此进一步使自己的行为合法化(Margolin,1997)。

　　从后现代主义运动中产生的众多有趣的方法论领域之一是叙事学(narratology)。叙事学吸引了越来越多的口述史学者(oral historians),对他们来说,一个人的故事同时包含着深刻的文化密码,也构成了我们对文化制品和更大世界的看法。例如,它要求我们去探索如何在叙事中按顺序排列时间和空间,甚至要求我们去探索如何建构一般意义(Harman,2007)。考虑到当今叙事媒体(电视、电影、小说)的广泛意义,叙事学还可以帮助我们分析大众文化的历史以及大众文化自身的史学是如何随着时间的变化而变化的。

24　　当今,在社会工作者可利用的所有史学视角中,后殖民主义视角特别重要,因为它要努力应对欧洲中心论和美国中心论的起源及其持续的压迫效应,以及殖民统治的遗产。与民族主义视角(也许是不言而喻的,甚至或是无意间的)相反,后殖民历史的书写生动地阐明了主流世界观在建构社会科学知识中的影响。社会工作者马戈·布雷顿(Margot Breton)指出,这一遗产加上对市场导向的社会经济政策的偏见,导致了加拿大和美国持续的种族主义(Breton,2002)。同样,艾里斯·卡尔顿-莱尼(Iris Carlton-LaNey)和约兰达·伯韦尔(Yolanda Burwell)恰当地指出,"如果社会工作声称要接受多样性以及对差异的理解,它必须加强和扩展它对非裔美国人社会福利史的知识"(Carlton-LaNey & Burwell,1996,p.6)。

如果记载的历史实际上是社会精英阶层的历史(那些有政治权力撰写历史书的人),那么非精英就会被排除在外。问题不在于这种片面性是不是不公正的——历史上充斥着一本又一本从特权视角写的书——而在于社会工作者能在多大程度上适应这种不平等。受过西方教育的非西方历史学家有时会感到来自学术话语规范的压制。塔瓦克利-特拉吉(Tavakoli-Targhi,2001,p.33)在尽力重构伊朗历史时说:"后殖民史学的挑战是重新历史化(re-historicize)那些被以欧洲为中心的现代性叙述隐藏和僵化的过程。"后殖民史学还促使人们关注被殖民者的个体经历,有时还有那些通过对抗殖民制度而获得(内部或外部)身份的被殖民者的经历,以及他们更多的历史。

这种方法与当今的全球化尤为相关,因为它考虑到了战争是如何植根于帝国主义和殖民扩张的长期权力关系之中的。占主导地位的、富裕的国家可能采取一种立场，即将"拿来文明"（bringing civilization）用到那些难以控制的国家，并利用国家支持的暴力行为（如战争）去超越所谓的正在衰落的国家。乔治·W.布什（George W. Bush）总统在2007年G8峰会期间说："美国致力于自由和民主的进步，而且我们有了一个已经计划好的历史上重要的目标。""美国以多种方式进行其自由议程，一些是有声的和可见的，另一些则是安静的和不公开的。"这种霸权主义言论让美国总统把自己想象成一个抵御不遵守秩序和恐怖主义流氓国家暴力行为的文明堡垒，而且在某种意义上他接受全球战争和种族暴力是全球化的历史必然。早期对战争的表述是否促成了这种将战争作为社会正常功能的建构？

例如，《非洲式的恋母情结》（*L'Oedipe Africain*）是后殖民主义和跨文化精神病学早期的一部重要著作。心理学家玛丽-塞西尔·奥尔蒂格斯（Marie-Cécile Ortigues）和她的哲学家丈夫埃德蒙·奥尔蒂格斯（Edmond Ortigues）在四年（1962—1966）的临床工作（clinical work）之后提出了这项研究，他们的临床工作将塞内加尔达喀尔（Dakar）一所传统的精神病院变成了一个开放的、具有文化敏感性的治疗中心。艾丽斯·布拉德（Alice Bullard）最近对该著作进行了重新分析，探讨了在种族和文化差异背景下有争议的移情领域、心理的文化层面的理论和普遍维度的理论，以及我们对历史、传统和现代性作出的巨大假设（Bullard，2005）。

即使在今天,大多数的历史记录是沿着功能的方向在流动,从统治的当权派"向下"流向消费者。这阻止了持有不同观点的人扰乱现状。公共历史(public history)恰恰正在朝着相反的方向发展。它是由在传统历史书籍中缺席的人的声音特别建构的,它记录了人类在地区、社区、社会服务机构、建筑和住房项目中的社会和文化生活经历,列举了一些调查地点。公共历史有时被称为"不善辞令的历史"(history of the inarticulate)(或"新社会史"),公共历史着眼于研究人们在农村和城市文化中是如何遭遇移民、经济发展、工业化、犯罪和治安、音乐和娱乐、种族与种族地位变迁以及宗教这些情况的。这相当于一个新的学科——公共历史将民族志(ethnography)和人类学(anthropology)里的其他技术与口述史结合起来,试图产生新的知识和被广泛接受的替代官方的(幸运的话,更平等的)叙事,这样,我们就可以摆脱对二手资料和存放在档案馆里的书面文档的依赖。

马克思主义史学

与后现代主义者质疑任何类型的分类不同,马克思主义史学家断言,社会范畴有着彼此联系的经验意义,从一个时期得出的分析也可以适用于其他时期。马克思主义史学有时也被称为历史唯物主义史学(historical materialist historiography)。这种分析框架的阐释是基于卡尔·马克思(Karl Marx)的著作以及他的社会阶级和经济需要决定历史结果的理论。马克思主义史学对社会

26

有着广泛的、宏观的认识,其中个体单位或社会组成部分(家庭、机构)是再现社会整体的历史实例。另一个描述这种历史观的术语是辩证的(dialectical):如果不给予创造历史结果所涉及的客观因素(单独的、遥远的、环境的)同等的权重,我们就不会理解历史事件的主观体验(观念、论据和语言)。格雷戈尔·麦克伦南(Gregor McLennan)界定了他认为为马克思主义史学中最好的内容:"承认真正的复杂性""致力于理论的必要性"和"对马克思主义基本概念的坚持"的结合(McLennan,1986,p.94)。

马克思主义史学不但丰富了穷人和工人阶级、被压迫和被边缘化的群体和民族的书面史,而且丰富了公共历史的书面史。同样的方法——探究被剥夺权利群体的书面叙事和口头叙事,而且按照辩证的原则收集他们的历史,目的是提出被主流历史压迫的社会群体的主观看法、经验和解释,无论是被遗漏的还是被委任的。对研究劳工的学者来说,这些分析通过关注领导、精英主义和社会阶层,为激励美国劳工运动(U.S. labor movement)提供了切实可行的蓝图。

27 大多数历史写作者利用社会群体范畴作为组织他们对过去理解的手段,目的是将个体经验置于群体之中;对马克思主义者来说,个性化的尝试会分散人们对整体经济模式的注意力,并将由大规模经济力量而不是个体赤字引起的个人经历"归咎于受害者"。

例如,斯坦利·韦诺库尔(Stanley Wenocur)和迈克尔·赖施(Michael Reisch)从政治经济学视角撰写的《从慈善到企业:市场经济下美国社会工作的发展》(*From Charity to Enterprise: The*

Development of American Social Work in a Market Economy），探讨了在这个政治经济框架下社会工作的发展和专业化（Wenocur & Reisch, 2002）。该模型允许写作者去审查社会工作中的各子群体是如何在不同历史时期失去或获得对专业企业控制权的。

定量史学

虽然这种方法还没有得到广泛使用，但在社会工作学术领域中有一个较小的定量史学家团体。到目前为止，大部分历史著作和资料收集是定性的，尽管我们的研究有时会穿插一些说明性的统计数据。但是随着定量方法的出现，数字和计算、统计和计算机工具已成为描述一个或一系列事件的实际跳板。虽然我们所有的研究都需要通过资料采集工具去查询和组织资料，但是定量史学家从一开始就使用（通常是大型的）数据库来建构他们的研究。即使在最初，非定量的信息也可以被量化，然后进行统计分析，就好像它是一个标准的数据集合一样。经济学和人口统计学有大量的印刷品和在线资料可用。例如，20世纪20年代以来，各国政府一直在收集主要的经济数据。计算机化的人口普查（census）数据、选举模式、经济指标、民意分布和房屋所有权都可以根据某一研究假设进行跟踪、重组和评估。人口普查和其他数据能准确地反映人口流动、人口统计数据（demographics）、人口增长率、出生率、死亡率、结婚率和疾病率、职业和教育分布以及人口迁移和人口变化。最大的资料库之一是密歇根大学的大学间政治和社会研究联

28

盟(Interuniversity Consortium for Political and Social Research，简称 ICPSR)，它为美国和世界提供了范围广泛的、可下载的政治资料和社会资料。

例如，在《历史模式与剧目》(*Pattern and Repertoire in History*，2002)中，伯特兰·勒纳(Bertrand Roehner)和托尼·赛姆(Tony Syme)用科学的方法破译了一种历史"遗传密码"。为了说明一个复杂且大规模的历史事件，如法国大革命是如何被分解成一系列事件而作为全球事件的基石的，他们使用了多种数字证据：一个1789 年法国三级会议(Estates-General of 1789)的二分图表(Roehner & Syme，2002，p.108)，1965 年美国军队用于制定越南战争战略的历史类比(Roehner & Syme，2002，p.29)，以及在1700—1900 年宗教类书籍与医学书籍相比所占的比例(Roehner & Syme，2002，p.91)，只是其中的几张表格、图表和图解，它们量化了一个重大历史事件的组成部分。

与定量史学密切相关，历史测量学(historiometry)是另一个分析统计数据和测量回溯数据的定量方法。然而，这一数据来自对名人，通常是已故名人的心理测量评估，与心理传记学和心理历史学(名人发展的心理动力学)不同，历史测量学一般研究人在社会层面的创造力、天赋和才能的发展。定量史学和历史测量学的结果都受到质疑，因为它们几乎完全依赖于统计，信度和效度比较差。

例如，在 2006 年，迪安·K. 西蒙顿(Dean K. Simonton)的研

究表明,个体的智力差异总是与其作为领导者的表现有关,包括美国总统们。鉴于这种经验意义,他估算了从乔治·华盛顿(George Washington)到布什在内的 42 位首席政府领导的智商分数。这些分数是通过将缺失值估算法(期望最大化)运用于已经公开发表的对三个特征(智商、智力才华以及对经验的开放程度)的评估中获得的。得出的分数结果与对总统领导能力表现的评估是相关的。文章的结尾讨论了智商分数对布什及其总统任期的影响。

第二章

总体设计与方法

历史研究在社会工作专业中为重大历史事件提供了一种望远镜式的研究视角,同时也提供了一个将事件与更广阔的社会背景联系起来的方式。在选择了一种或多种历史方法去搭建研究框架后,研究者还会在大量的问题中选择有关历史发展的问题去回答,例如,儿童福利服务、公共教育、技术的兴起及其带来的利益和挑战、实践方法的发展、家庭生活、性别政治及工作条件、该领域的先驱理论家、政府统计数据或地理人口统计数据以及它们如何影响收入分配。

从逻辑上讲,研究者需要阐明研究的动因,不仅是为了他们自己,也是为了学者群体和其他群体。社会工作中的历史研究的目的一般包括两个方面:(1)在预定的日期内提供一个对具体社会问题、项目或政策的描述性的纵向概述;(2)追溯社会工作历史及其多个附属领域——经济学、精神分析、人种学、社会学、政治学等——的主要意识形态主题,并通过对比它们不同的文化和社会政治背景是如何随着时间的推移而变化的,从而为实践提供启示。

这项研究的理由是纠正出版文献中存在的关于这一广泛历史问题的差距或误解。它指出了这个差距对社会服务的管理和提供以及对当代社会工作者教育的历史(和当前)影响。

研究目的

现代社会工作史学写作者的目标是重建特定时期内人类活动的记录,并将这些活动置于一个广阔的社会和政治背景中,以深入理解这些活动。简单地说,历史研究的目的就是获得足够的证据去支持研究者对一个或更多事件的解释。例如,它可能侧重深入了解一个组织的发展和历史的某一方面,如促使沃尔特·里德军队医疗中心(Walter Reed Army Medical Center)或弗里德曼局(Freedman's Bureau)创建的具体历史因素。然而,从更广泛的视角来看,我们可能被误导,误认为历史研究的目的是显而易见的,因为历史的内容存在于关于人和事件的叙事中。实际上,这份记录本身并不能说明什么——它只能代表那些已经说过话的人。因此,一项研究的目的可能是要重新捕捉那些故事、问题或情况不那么容易核实的人的声音。例如,为了去探索某个特定年代的社会和种族动荡,调查这些历史性的混乱与社会工作服务的发展、提供和消费之间的关系是很有意思的。在一个"种族多样性"(ethnic diversity)一词变得司空见惯的时代,像文化能力这样的技能已经变得熟悉,甚至是老生常谈。但这是否足以加深我们的理解,例如,后殖民压迫对种族群体的影响?加里·科恩(Gary Cohen)说,历史研究的确切目的是"加深我们对种族群体心理维度的理解"
(Cohen，1984，p.1040)。科恩称深入的历史研究是"不可或缺的"
32 (indispensable)，因为它们可以系统地分析种族群体如何在社会
经济和政治经验方面发展、维持或改变其独特的身份。例如，对那
些对移民家庭临床工作感兴趣的社会工作者来说，理解那些家庭
群体种族身份的历史演变是至关重要的。

例如，在简·亚当斯思路清晰、不带感情色彩的回忆录中，她
记录了她作为芝加哥首个睦邻之家（settlement house）——赫尔
之家领导者的 20 年经历，这份回忆录要比一个见证人的报告更重
要。它是一份使社会工作能真正履行其使命的思想记录。"因为
睦邻之家在美国很容易成倍增加，"她写道（Addams，1910，p.2），
"我希望一个关于早期努力（包括压力和动荡）的简单陈述，可能会
对它们的解释有价值，并可能使它们摆脱某种肤浅的指控。"

研究原理

所有的历史叙事都缺乏证据。有意或无意中，有些群体可能
被忽略（通常是那些一开始就被边缘化的群体），统计数据可能会
丢失，或重要的档案已经被销毁。在社会工作中，研究者运用史学
方法的理由是为了填补信息空白，在重建某一叙事中纳入某一特
定的群体，或去探索为什么某一特定的项目从来没有被研究过，或
是为什么之前的研究得出错误的结论。这一理由之所以存在，是
因为没有人用历史来解释，或至少用另一种替代性的推理方式来

解释问题或社会状况的存在。

对项目的策划者和组织发展专家来说,他们经常被要求去分类整理机构管理人员的不同需求,并使之与一线工作人员的需求相协调,因此使用历史分析有特定的原理。"历史意识和推理……能使一个通常着眼于现实和未来的职业更加有效,"阿博特和阿德勒写道(Abbott & Adler, 1989, p.467)。当组织、社区甚至国家固守其传统和神话时,探索这些根深蒂固的信仰的历史研究是特别有用的。研究原理在于"我们总是如何做事"与当前需求之间的差距。在 1986 年,哈佛大学肯尼迪政府学院(Harvard's Kennedy School of Government)的两位教授理查德·诺伊施塔特(Richard Neustadt)和欧内斯特·梅(Ernest May)撰写了《及时思考》(*Thinking in Time*)一书,以帮助他们的学生运用历史去解决学生面对的实际问题。他们提出六个出发点,每一个出发点都可以构成历史研究的理论基础:(1)急于采取行动;(2)过度依赖"要是……又怎样"这样的类推;(3)忽视或否认问题本身的过去;(4)未能批判地去思考关键性的研究假设;(5)对人或组织刻板的推测;(6)很少或几乎没有努力将选择看作任何历史序列的一部分(或者相反,历史是选择的唯一理由)。

例如,在对美国公共援助历史的开创性重新解释中,弗朗西丝·福克斯·皮文(Frances Fox Piven)和理查德·克洛尔德(Richard Cloward)说,他们的根据是"对公共福利体系没有那么多可描述的(正如救济在美国是众所周知的一样),因为这已经做得够多了。相反,我们要尽力去解释为什么救济安排会存在,以及为什么救济名单会时不时地陡然扩张或收缩"(Piven & Cloward,1971,p.3)。

问题构想

历史学家朔尔斯克以"一个历史问题:世纪末维也纳的政治和精神间的关系"(A Problem of History:The Relationship of Politics and the Psyche in fin-de-siècle Vienna)为主题撰写了他的开创性著作——《世纪末的维也纳:政治与文化》(*Fin-de siècle Vienna: Politics and Culture*)。为什么这是一个历史问题?因为朔尔斯克说:"奥地利知识界感觉到和看到的这个问题是,他们的世界是如何陷入混乱的?是因为个人……他们自己的心理特征与整个社会根本不相容,还是因为整体扭曲、麻痹并摧毁了作为其组成部分的个体?……这些问题对人类来说并不新鲜,但对维也纳世纪末的知识界来说,它们成了核心问题。"(Schorske,1980)

历史问题是诱人的,构想一个历史问题需要好奇心、想象力和坚持不懈。社会工作领域中有很多一流的学者,但历史研究还没有占据一席之地,因为至少到目前为止,研究者还没有确定有必要调查历史知识是如何建构的。如何辨识历史问题?无论选择什么方法,研究历史意味着要先提出尖锐的问题,然后通过研究证据尝试回答这些问题。然而,历史研究并不局限于书面文档中的证据。历史知识的来源可以分为三大类:书面的、口头的以及实际保存

34

下来的。一个好的研究者会翻阅所有这三类资料来源以确定一个有研究意义的历史问题。

这三类资料稍后将用于深入的调查研究,但研究的第一步也是必要的,这样可以确定这项研究将试图解决哪些问题。研究者通常通过阅读和比较二手资料开始其研究,如专著和期刊文章。第二步是去澄清内容中呈现出的观点,包括文本之间的矛盾。第三步,研究者找出相关的原始资料,批判性地审查它们,并在文本中找出解释。然而,因为原始资料本质上都是主观的,研究者还需要参考二手资料以寻求能支持或驳斥原始资料的外部解释。当研究者开始质疑这些读物时,一个历史问题就出现了。为什么会有某种矛盾存在?例如,当一个社会服务机构服务的社区需要其他服务时,为什么它还要继续其传统的实践方法?

不管是在社会工作者活动的普遍领域内,还是社会工作者活动的普遍领域之外,历史问题可以在所有类型的领域中发现。提出历史问题并不能中和正在研究的社会问题,但它确实需要研究者开始阐明这个问题的已知内容、不清晰的内容,最重要的是,传统上对某种情况的假设。显然,问题必须在明确研究假设的背景下得到正确的界定。然而,历史写作者真正的挑战是,不仅要从不同的角度去研究社会问题,还要说服读者相信提出问题(problem-posing)的研究是必要的。正如乔治·桑塔亚纳(George Santayana)所认为的,历史是否具有预测价值值得商榷,但提出批判性地审视过去的假设和预期的历史问题,在今天的确具有不可或缺的分析价值。

35　　例如,乔尔·科维尔(Joe Kovel)描述说:"对被遗忘的精神分析激进史的发现鼓舞了我,我得知我原先的理想典范——威廉·赖希(Wilhelm Reich),是一位重要的马克思主义者,而奥托·费尼切尔(Otto Fenichel)——我一直奉为分析正统的大祭司,也是一位马克思主义者。为什么不教这个? 为什么其中的含义没有被提出来? 如果精神分析曾经是这样的话,如果它激进的内容被压制了,难道就不该重拾被压制的真理吗?"(Kovel,1998)

在《性别政治、性别社区:1940—1970 年美国同性恋少数群体的形成》(*Sexual Politics,Sexual Communities:The Making of a Homosexual Minority in the United States 1940－1970*)中,德埃米利奥在解读美国同性恋少数群体的历史时阐明了一个关键问题:"为什么……同性恋解放运动在第二次世界大战后才出现? 为什么直到 20 世纪 60 年代末才成为一场群众运动?"(D'Emilio,1998,p.3)

假设的形成

历史研究的方法论与其他学科在知识、相关资料的搜集和假设的创建方面有很多相似之处。一个好的假设包含强有力的核心概念,是一个好的研究的核心,可以用来检验信度和效度。假设是一个陈述,它清晰地界定了研究者试图在研究中要解决的特定历史问题。这个假设并不是特定的论题、一般的调查领域、一个观点的陈述或一个信仰,也不是一种思想。相反,它建议去解释历史因素之间的因果关系,或者历史变化的因果模式。就像在系统理论中,一个假设声称一个事件的变化会导致另一个事件的发生,或者导致与之有因果关系的第一个事件发生变化。当研究者开始研究时,通常他们的头脑中会有一个假设,即他们想要证明的东西。一两句话足以概括一个事件在何时何地导致另一个事件发生的原因。"1929 年股市崩盘引发了大萧条",这是一个简单的假设;一个更全面的假设可能是,"大萧条是 20 世纪 20 年代国际银行业结构不稳定的结果,1924 年的'道斯计划'(Dawes Plan)就是一个例证"。研究假设或多或少地预见了研究结果,因为资料将会证实或否定假设。我们可以想象一下,我们使用档案室做研究,与一个科学家使用化学实验室做研究来证明或证伪一个因果关系是一样的。

假设产生于深入的研究,来自对整个文本中重复出现的可靠和可信的模式、观点以及变量的定位。从复杂的资料中形成假设,意味着研究者要具备收集、权衡和筛选证据的能力。但是,在处理原始资料时需要细心谨慎和技术能力的同时,主要还需要研究者在假设的建构和因果关系的建立方面具备心智上的严谨。当然,历史研究可以将一项简单的探究转化为一个哲学的探索。但是,一个可靠的假设可以为这项探索提供一个框架模型,围绕这个框架模型,研究者可以将零散的变量更加鲜活地表现出来。请注意,在这里没有任何东西能表明研究者必须喜欢这个研究假设或是它的可检验性,但是,符合逻辑地去证明(或证伪)某件事的愿望的确增强了一个人的动机和毅力,这两者对研究来说是至关重要的。研究者应该定期审查假设,不是为了寻找最终的解决方案,而是根据最初的假设和历史问题的特征来探讨案例是如何形成的。研究的逻辑是否作为一个整体出现?

例如,这是皮文和克洛尔德(Piven & Cloward,1971)在构建关于福利分配的历史模式的原创性研究时所围绕的假设:"救济安排是经济安排的补充,主要功能是调节劳动力,一般有两种方式。首先,当大规模的失业导致动乱爆发时,救济计划通常会被启动或扩大去吸收和控制足够的失业者来恢复秩序;然后随着动乱的平息,救济系统紧缩,驱逐那些需要进入劳动力市场的人。"

这个假设中包含的因果关系有:

1. 如果美国的失业率异常高,那么福利就会扩大,以缓解社会动荡。

2. 如果失业率下降,福利也会收缩。

3. 如果福利收缩,最近失业的人将重新进入劳动力市场,但工资较低。

关于假设,还有一点需要注意,许多历史研究,特别是那些从后现代视角书写的历史研究,似乎是由一个"疑问"(question)或"问题"(problem)而不是由一个假设驱动的。诚然,与大多数定量社会科学或行为科学研究相比，历史探究的本质更加微妙，也许不那么死板，而且更容易受到主观解释（陈述出或未阐明的）的影响，因为大多数定量社会科学或行为科学是通过统计数据分析证实或驳倒特定断言的。尽管如此，我还是建议研究者应该先制定一个精心设计的假设来指导一项研究，特别是如果这是一个博士生第一次涉足某个领域的话。

术语界定

假设中的关键术语（或变量）必须通过综述有关概念的研究或理论文献来进行定义。这不仅仅是一个词汇表，创建基于文献研究的定义将会帮助（有或没有社会科学背景的）写作者和读者理解在历史研究中使用的术语和概念。能让人产生兴趣的术语应该由一些信息构成，包括术语的发音（如有必要）、解释性的资料，甚至一些图像及相关概念的外部链接。定量和定性变量都可以用于收集历史信息。一个词或一个概念，除了它在读者中产生的印象或感觉之外，还暗示着一种更大的反应之间的联系，这种联系应该被清晰而系统地梳理出来。例如，"种族隔离制度"（apartheid）这个词，指的是按种族实行隔离的政治和经济政策，但其内涵——压迫、奴役、不平等——包括的内容是数不胜数的。芭芭拉·利维·西蒙（Barbara Levy Simon）围绕"赋权"一词建构了一个完整的历史著述，而且她很谨慎地解释了她将如何使用这一概念。"赋权与自由、平等和福利改革一样，是极少数对政治对立者具有相反含义

38　的概念,这一点令人怀疑,"她写道(Simon,1994,p.8),"对当代自由放任经济和小政府的拥护者来说,'赋权'意味着将改善日常生活的责任交给当地的人民。对当今积极民主政治的拥护者来说……'赋权'援引了辅助性原则,认为'更大更强有力的政治和经济制度支撑了较小的社区,而不是支配它们'……这是这本书的前提。赋权的第二个含义成为社会工作主流的核心思想已长达一个多世纪。"

预设和价值观

在历史研究中,社会信念和个人价值观是丰富的,表现在这两方面:研究者持有的和证据中包含的。毋庸置疑,信息、叙述者和其他研究者的偏见必须相互权衡。从源头上看,这些观念和价值观与当前的观念和价值观有何不同? 研究者对这项工作的最初假设是否正确? 读者对这一文本有什么先入之见? 例如,文本的哪些部分我们发现可能会让人反感,但同时代的人可能会接受? 我们在这个问题上的价值观是否与文本中表达的价值观相矛盾? 当然,有时这是一个好事:我们应该能反对文本中的反犹太主义言论、种族主义或性别歧视。然而,在更微妙的层面上,我们个人价值观与写作者价值观之间的差异会导致我们对文本的误解,或导致我们以写作者同时代人所没有的方式去理解文本(即使这种理解对今天的我们来说是一种冒犯)。最后,历史写作者如何在定性和定量的历史研究中确立他们自己的客观性？或者如何与他们自己的主观性达成妥协？除了验证事实和文本中主张的可靠性以及来源的信度外，研究者还应该遵循马库斯·罗宾斯（Marcus Robyns）提出的如下优秀的指导原则（Robyns，2001，p.368）：

1. 检测和确定信息来源的偏见和研究者本身的偏见。

2. 确定未阐明的假设。

3. 找出含糊不清的或模棱两可的主张或论点。

4. 识别推理中逻辑上不一致或错误的推论。

5. 区分有根据的和没有根据的主张。

6. 确定论点的力度。

例如，设想一名研究者找到卡丽·贝里（Carrie Berry）1864—1865 年的日记，这本日记与研究者关于战时女孩的复原力项目有关。通过仔细阅读这本日记和背景证据，我们可以推断出一个 10 岁孩子在她的写作中对社会规范的回应情况。在 19 世纪早期，女教师教女孩写日记，然后阅读她们的日记。这对卡丽·贝里的日记有多大影响？她是如何受宗教影响的？她是如何受到战争影响的？虽然她经历了南北战争（Civil War）时期亚特兰大最黑暗的日子，但卡丽·贝里的形象充满了活力。撇开个性暂且不谈，研究者是在叙事者自身的历史背景中来寻找叙事者的社会价值和个人价值的。阅读这篇日记和其他日记时需要我们去问："我如何看待她写的东西？我是赞赏她的性格还是鄙视她的性格？我应该如何回

39

应我在她的日记中解读的社会影响？"

资料收集策略

当历史研究完成时，它读起来应该像一个讲得很好的故事，包含多方面内容，试图给一个事件或人物提供背景，但不会减少它们或他们在同辈群体中的贡献。正如我们在第一章所看到的，一个历史写作者可以通过一个或更多的视角来解释一个事件。反过来，这种解释又会引导写作者去明确表述一个历史问题，去提出一个假设，并分离出某些有利于建构研究的变量。一旦进行资料分析，这些资料要么支持假设，要么反驳假设。资料收集是对信息和证据的系统性收集。这一过程分为定量和定性两种主要形式，不管研究者选择这两种形式中的哪一种，历史研究都容易被粉饰。大多数历史资料和档案记录是定性的，因为它们所包含的更多的是文字而不是数字——描述、故事、报告、解释。和定量研究依赖可观察性的行动（是什么，在哪里，什么时候）不同，定性研究探索人们如何理解或解释行为（为什么和如何）。数字（天数、日期、小时、金钱）当然会穿插其中，而且经常会加上有效的说明。然而，是沉迷于零碎的资料，还是将这些资料组织成为有效、可靠的研究的趋势，反映了同样强烈的倾向，即研究者需要在两者之间作出选择。它也反映了学术界的愿望，即对一项研究来说，方法论的前后一致与资料本身同样重要。幸运的话，在历史研究中，最好是将研究方法结合起来，并建立定量与定性相结合的证据基础，而不是单独使用其中的一种。

整体设计和方法示例

"挑战在于去发现实质性的方法用以将两次世界大战之间的经济史与其同时代的个人与社会经历联系起来，"迈克尔·伯恩斯坦(Michael Bernstein)写道。他采用一种实用的方法找出大萧条的确切原因。在《作为历史问题的大萧条》(*The Great Depression as a Historical Problem*，2001)中，伯恩斯坦的方法涵盖了许多历史研究方法论的特征(假设、目的、理论基础、问题构想、预设和价值观以及资料采集策略)。以下是这些要素。

1. 假设："大萧条是 1929 年以来的周期性力量与跨越半个世纪或更长时间的长期发展趋势之间相互作用的结果。"(Bernstein，2001，p.10)

2. 目的："大多数当代经济学家对那些不关注短期或政策性失败的有关大萧条的争论，已经明显产生了敌意。从这方面来看，他们避开了结构性、制度性和长期的视角……这正是我要寻找的原因，通过对那些比较陈旧的分析方法的重新评估……这些领悟是通过将大萧条理解为历史问题来获得的。"(Bernstein，2001，p.2)

3. 理论基础："自 20 世纪 30 年代大萧条以来，现在已经过去半个多世纪，这是美国历史上最严重、持续时间最长的一次经济危机。到目前为止，虽然对大萧条的结果会有一些一

41

致的意见,但对导致大萧条的原因还未达成普遍共识。"(Bernstein,2001,p.1)

4.术语的定义:"'商业信心'(business confidence)这个命题……认为,不管是什么机制导致股市崩盘,股价的大幅下跌都会给商界带来极度悲观的预期。对信心的打击是如此严重和出乎意料,以至于出现巨大的恐慌。"(Bernstein,2001,p.2)

5.价值观:"'商业信心'这个命题是主观性的,[并且]实际上,不可能根据历史证据进行评估。"(Bernstein,2001,p.3)

6.资料采集策略:"对大萧条经济史的考察必然要聚焦于定量资料和总体资料两方面,而这些资料往往会掩盖该事件的人文因素。"(Bernstein,2001,p.13)

准备收集历史资料

每位研究者在收集历史证据时必须努力做好两件事：一是严格收集和组织证据，另一个是核实信息及其来源的真实性。资料的收集（或获取）可以被描述为一种策略——一种从各种来源收集资料，并丰富这些资料，从而创建有价值的、可重复使用的信息的行动过程。像任何策略一样，资料收集的策略必须进行全面的设计和规划，既作为一种研究工具，又作为促使项目成功的一个过程。在进入档案馆收集信息之前，做好充分的研究准备工作格外重要。资料收集的第一个阶段已经在研究原理部分阐明；第二阶段是创建一个资料采集工具；第三阶段是挖掘选定的历史资料来源，以获得支持或反对该研究假设的信息。最终，准备得越充分，获得的对研究的最后阶段、批判性分析和解释的支持就越多。

开发研究工具

在历史评估中，资料收集工具只有在可靠的情况下才有效。使用假设中的变量（术语），特定的主题被塑造成问卷、表格和图。

这种资料收集工具也叫资料采集工具,允许研究者描述背景、经历、角色和观念,并协调从研究开始(来源)到结束(结果)的资料。在档案和口述史研究中也使用了同样的工具,有助于建立研究的信度和效度。对一个项目来说,认真地创建这一工具与此研究关注的核心一样重要。

资料的采集是一个过程,在这个过程中,资料从现实世界的原始资料,有时从二手资料中获取,而且要经过格式化过程使这些信息呈现出清晰的和可理解的状态。如果研究者首先把精力集中在确定格式、收集资料并最终将这些资料直接输入计算机系统这一艰巨的挑战上,他们的情况会好得多。原始资料(尤其是图像或罕见的文献)的来源通常是数字化或扫描的,而二手的笔记通常只是通过打字呈现出来的。在历史学中,当今的研究者应该认为他们自己有能力和专门知识来输入和处理任何类型的资料,无论是打字的还是手写的。

电子表格和绘图软件是组织、表示和对比一个时期内收集的资料的优秀工具。图形网格是一种简单但非常有用的资料组织方式。预先格式化的网格与传统叙事段落之间的主要区别在于,网格能帮助研究者在以前没有建立关联的不同历史资料集合之间建立视觉上的关联。此外,网格通常支持更加复杂的资料集合,因此它们简化了对复杂资料的读取。至少,软件生成的网格应该提供资料来源、内容和结构的详细信息。在此工具的范围内,每一个领域的设计都应该包含资料某一特定方面的信

息。研究者通常设计他们自己的字段来记录资料。虽然一定程度 44
的想象是必要的,但研究者要避免"拼凑"效应,因为描述与资料输
入的不一致和不精确会导致研究者丢失资料,而且可能导致无效
的解释。

　　研究者的愿景总是决定了如何设计资料收集工具。同时,资
料收集过程迫使研究者对如何辨识每一个资料来源和输入何种类
型的资料作出解释。然而,战略性资料的获取不应该局限于将这
些资料输入资料采集工具中,还应辨识并记录这些来源,最终使研
究者能够高效且有效地从这些来源中提取资料。例如,档案馆按
照公认的档案原则来组织文献,包括以下层次:文件集、文件组
合、分组合、系列(series)、分系列、案卷组成单位和条目。重要的
是追踪这些层次并将它们记录在资料采集工具中,因为:(1)读
者应该能复制这些研究;(2)所有的引用必须放在研究结束的参
考文献部分。在某些情况下,资料收集工具范围内的领域数量和
复杂程度达不到研究者的预期。历史写作者想要实际一些,而不
是在等着做这么多研究的时候感觉自己是在形式上浪费时间。但
是,修改或更新资料收集工具有时是必要的,甚至在资料收集过程
中也许都要进行修改。

　　对大多数社会科学研究有效的资料采集工具对历史研究也是
有效的。研究者在设计这些资料采集工具时既要把错误的资料排
除在外,又要把正确的资料纳入进来。要考虑这种设计是否符合
特定的研究目标。一旦资料被收集和整理出来,它们会构成一个

历史问题答案的基础吗？资料收集工具中的分类是否与研究假设相符合？最后，资料采集工具实际上是否对资料进行了分类以便促进后续的分析？

45 　　"我们如何才能以适当的方式来捕捉女性的生活？有什么工具可用于分析？"英国研究者卡伦·戴维斯（Karen Davies）问道（Davies，1996，p.579）。K. 戴维斯用女性主义史学视角挑战了传统上按时间顺序建构的资料采集工具，K. 戴维斯说这种机械的社会科学研究是有问题的，因为它限制了我们捕捉人类社会生活内在复杂性的能力，尤其是女性的日常生活。她建议调查者在历史研究中应该使用生命线（life line）作为资料采集工具。传统的日程表只按时间顺序采集资料，而生命线方法则能显示出工作时间和家庭时间、家庭责任和有偿劳动，以及与个人年龄相关的行动和事件的交叉点。这种资料采集方式不仅反映了女性关系模式的社会建构，还反映了女性作出的生活选择与当时更大的政治形势之间的重要关联。例如，堕胎服务的使用可以很容易地按照直接的时间顺序来进行研究，但它是否能捕捉到女性在不同历史时期（如 1820 年，1965 年，1973 年）实际经历的堕胎情况呢？一位使用生命线模型（life line model）的历史写作者会转而关注堕胎在女性生命中发生的时间点，以及她的决定——她的未来发展——如何受到不断变化的联邦法律的影响。这种资料采集工具为社会工作研究者开辟了一系列新的可能性。

例如：S. 雅尼娜，美国公民，1965 年

生命线历史：＿＿＿＿＿＿＿＿＿＿＿＿＿＿＿＿＿＿＿＿＿＿

就业　堕胎　失业　怀孕　保险被拒

按时间排序的历史：

＿＿＿＿＿＿＿＿＿＿＿＿＿＿＿＿＿＿＿＿＿＿＿＿＿＿＿

堕胎在大多数州仍然是非法的；民权立法刺激了堕胎权利运动

　　是什么组成了一个历史"事件"？对历史事件的叙述可以分为 46
单个事件和事件集群(clusters of events)。单个事件，例如，1909 年
西格蒙德·弗洛伊德(Sigmund Freud)的美国之行，而相关的事件集
群就是进步时代(Progressive Era)和美国行为科学的同步发展。事
件集群能解释单个事件(也被称为一个节点或节点时刻)发生的全
部过程。从微观层面来看，集群结构的想法是为了降低单个事件的
影响。从更大的范围来看，研究者可以遵循复杂的社会和文化主
题，根据这些主题形成被广泛定义的历史片段，如"现代主义"或"女
性主义"。

　　在 20 世纪三四十年代，阿道夫·迈耶(Adolf Meyer)和桑多
尔·拉多(Sandor Rado)以惊人的力量抓住了美国心理健康机构
的想象力。克雷格·汤姆林森(Craig Tomlinson)运用史学节点-
聚类模型(node-cluster model of historiography)，利用原始资料
(未引用的档案材料，主要是信件)来记录这两个人之间的关系
是如何在两者演变的过程中影响美国精神病学和精神分析发展

的（Tomlinson，1996）。他们的互动不仅在美国精神分析领域形成关键性分裂，而且是北美医学、学院精神病学和精神分析之间关系的历史转折点的缩影。

定量方法在社会工作研究领域是一个相对较新的研究方法。然而，最近一些最令人兴奋的史学工作，利用了我们在其他社会科学研究领域的同事已经掌握的计算技能。与此同时，学者正在研究未公开发表的记录和原始文件，人们希望没有过分忽视其他类型的叙事来源。定量资料可以非常有效地证实档案和口头证据。为了证实档案中发现的文献信息，从目击者对事件中人类经验的描述，到大规模和小规模的数字信息集合，研究者应尽可能多地去收集原始资料。谁最适合讲述一个特定的故事，一个真正的参与者还是一个外部观察者？虽然每种方法的结果之间可能有一些不一致的地方，但最终，只有把它们结合起来，才能得出或多或少的真实的结论。

47　　文献：收集档案资料

事实分散在世界各地，或近或远，但最终，研究者必须从所有的这些事实碎片中创造出一些东西来。因此，大多数现代历史研究者频繁使用档案机构，主要是为了检索和审查已经收集在一个机构中的原始资料。在那里，重要的档案被识别、获得（通过捐赠或购买）、整理、（物理上的）保存和（安全上的）保护。档案机构对这些资料也保留着法律上的和实际上的监管权。这些丰富的资料，如美国的人口普查、经济和政治调查、宗谱资料以及公共记录，均已在互联网上发布。真正有活力的研究是在浏览、阅读（有时是不切实际的）和记录文献的过程中形成的。不足为奇的是，在使用其他研究方法，特别是在定性资料和口述史资料的研究中，档案资料（archival data）也被用作基线和比较资料。

档案机构分为档案馆和手稿库（manuscript repositories）。许多档案馆，如美国国家档案馆（National Archives in the United States）和加拿大公共档案馆（Public Archives of Canada），都保存着政府记录。私人或非政府的档案馆，如银行或医院的档案馆，管理着某一机构的历史档案；法兰西银行档案馆（archives of the Banque de France）保存着该银行的记录，而且是该银行的一部分。大学档案馆从教职工、管理部门和学生那里获取历史材料。例如，耶鲁大学图书馆手稿和档案部（The Manuscripts and Archives Department of the Yale University Library）保存着耶鲁大学的记录，同时它也是耶鲁大学的一部分。

相比之下，手稿库则是专门负责仔细整理和保存（preservation）原始文献的档案机构。这些手稿是具有历史价值或历史意义的个人文献或团体记录，包括个人书信文件集（personal papers，手写的或打印的）、第一版的材料、乐谱、写在牛皮纸上的中世纪文本以及非大学组织的记录。有时被称为"特藏"的手稿库，它获取、保存和提供有用的档案和手稿馆藏，供访问学者、研究者和公众使用。

在真正进入档案馆或手稿馆藏之前，有很多准备工作是必要的，也是非常有用的。不管你对图书馆的研究技术有多熟悉，档案 48

研究都需要一套不同的技能,因为这些资料分类和归档的方式是独特的。由于档案资源基本是无限的,因此事先的准备工作应该是策略性的。找到正确的来源很耗时,但至关重要,而且在正确的方向上寻找资料最终将节省时间和降低焦虑。可以考虑采取以下重要步骤。

● 许多文献馆藏发表在机构内部的时事通讯和期刊上面:找到机构新旧出版物(包括数字的和印刷的)的目录。

● 核查二手资料的参考书目和主题索引来找到原始资料的确切位置。

● 核查电子的和传统的(印刷的)书目、指南和其他档案文献的检索工具(finding aid),除了联邦和地区档案馆以及电子数据库的网页(对每个研究者来说都是必要的)之外,还可以浏览介绍档案项目、最近出版物和机构新闻的网页。

● 由于几乎所有的档案都需要研究者在访问前与机构的工作人员取得联系,以确定他们希望查阅的材料是否存在,因此要了解每个馆藏的访问协议。

● 在试图检索书面文献、机读记录、唱片和录音带、影片以及录像带之前,要先确定访问限制和保密(confidentiality)规定。

● 编制一个相关的和可用的资源的个性化数据库。

更多的计划

毫无疑问,互联网已经成为新手和专家学者搜索档案资源的首选。在传统上,图书管理员帮助研究者提供了许多参考服务,如家谱研究,按要求搜索文献,以及编纂专题书目。然而,今天通过互联网,研究者可以独立地去做同样的工作,而且可以从几乎任何一台计算机上探索出大量的数字媒体。包含历史照片的数字图像、电子档案文献、档案馆藏的在线描述以及其他与档案研究相关的独特资料的网站存量正在不断扩大。在某种程度上,这项技术使研究者摆脱了档案工作在地理和时间上的不便。詹姆斯·希克(James Schick)描述了技术是如何催生新的大学关系,以及"随着学术界进入全球电子社区,学者之间的相对孤立和对文献存储库的需求可能会减少"(Schick,1990,p.207)。然而,从另一个角度来看,同样的技术也带来了许多潜在的新问题:网站绝对数量是庞大的,其用途差别也较大,最重要的是它们的学术可靠性可能是令人怀疑的。在未来,随着电子研究变得越来越复杂,这种情况可能会再次改变,但即使在我 2007 年写这篇文章的时候,计算机技术与个人研究之间的关系仍然是最初历史研究中最薄弱的一环。

以图书馆为基础的档案馆藏可能会受到特殊的限制,或者只能有选择地使用;在计划进行研究访问之前,一定要咨询熟悉馆藏的工作人员以获取进一步的信息。所有档案馆都对研究者使用珍本和手稿阅览室有规定;同样,在出发前要仔细阅读这些规定。

所有档案馆都明确规定了申请进入其馆藏需要什么证件。所有档案馆都至少需要一张当前有效的附有照片的身份证明(有时需要更多）。对美国的档案馆来说，驾照就足够了，但大多数国际档案馆更喜欢护照（必要时还需要签证）。允许持证人访问外国的签证是由该外国官员在美国护照上盖章的一张纸或签名的担保书。指南可在 http://travel.state.gov/travel/requirements 上找到，这个网站是经常更新的。

研究者的支持组织或学术机构必须提供一封注明日期的介绍信，通常由学生的导师或该机构的研究主任签署。这封介绍信告知档案馆的管理人员，研究者的机构愿意担保此项研究符合学术诚信的标准。

50 对材料的获取有严格的规定，档案机构有权控制研究者如何、何时、何地研究其档案馆藏。机构指南的例子包括"订购或自行准备关于其研究课题的档案文献的副本"，"在技术许可的范围内，并在档案管理部门特别许可的情况下，使用……个人计算机"，而且"使用载有扫描装置的技术设备……是不允许的"。研究者也可能对档案负有一定的义务，例如，"为收到的任何可能被引用或公开发表的档案信息提供必要的来源参考"。现在，档案馆比以往任何时候都更容易向公众开放它们的档案，而且新技术意味着有大量的研究机会。然而，仅仅获得资源并不能保证高质量的档案研究。为了充分利用研究者在访问档案之前和访问期间的时间和工作，计划是必不可少的。档案研究是否成功，既取决于找到正确资料来源的能力，也取决于充分和正确地理解它们的能力。在大型的馆藏中查找特定的文件夹（folder）或材料盒似乎是令人望而却步的：它需要筛选大量文献的坚持、耐心和动机。然而，大多数图书馆通过广泛的编目和详细的检索工具简化了这项任务。最重要的是，档案研究非常值得，甚至有趣。在档案和手稿馆藏中，人们会回归到历史得以开始书写的原始文献当中去。

印第安人档案材料协议

1997 年，印第安人历史学家唐纳德·菲希科（Donald Fixico）发现，在 3 万多本关于美洲印第安人的书中，大约 90％是由非印第安人撰写的。他指出，这构成了印第安人历史的西方标准。就从这点来看，这些历史叙事反映的是不同土著民族群和不同欧洲人族群之间的权力关系。所缺少的是对土著民历史本土叙事的可信性。在我们这个尊重多样性的时代，所有这一切似乎是显而易见的，但如果你从国会图书馆（Library of Congress）提取有关美国总统的信息，你也应该为土著民历史作出同样的贡献。以下内容是摘录自第一档案界（First Archivists Circle）为此目的而编制的文件；全文可在 www2.nau.edu/libnap-p/protocols.html 上获取。

2006 年 4 月，19 名印第安人和非印第安人档案馆员、图书馆员、博物馆馆长、历史学家和人类学家聚集在一起……确定对非部落组织持有的美洲印第安人的档案材料进行文化适应性保护和使用的最佳专业做法……

印第安人社区有着广泛的第一手经验，即了解在遥远的机构中保存的信息资源可能会影响他们的生活质量、他们的宗教实践和他们民族的未来——有时会带来灾难性的后果，有时会使他们受益。图书馆和档案馆必须承认，印第安人社区对所有与他们有文化关系的文化敏感性材料都享有首要权利。这些权利适用于对这些材料的收集、保存、获取、使用或限制……

……研究者在获取敏感性材料之前，［应该］获得印第安人社区的许可。部落社区的认可将会提高研究出版物的价值。1991 年，北亚利桑那大学的克莱恩图书馆（Cline Library at Northern Arizona University）和霍皮部落（Hopi Tribe）同意：如果没有霍皮文化保护办公室（Hopi Cultural Preservation Office）的书面许可，不得复制敏感的仪式图像（或将其数字化供互联网访问）。现场仍然提供访问服务。其他机构也有类似的政策；未经社区事先书面授权，一些机构不会提供任何访问权限。

从印第安人的角度来看，可能具有文化敏感性的档案材料——包括人类的可读材料和数字材料——的例子包括：

52

- 人体遗骸、宗教物品或圣物、任何类型的仪式、坟墓、葬礼、考古物品(特别是陪葬物品)、医院、教堂、墓地、会堂、圣地的静态和动态图像(照片／影片／平面艺术)。

- 歌曲、圣歌、宗教实践、治疗、医学、个人或家庭信息、口述史、社区历史、"神话"以及民间传说的录音／转录本。

● 圣地或圣区、宗教场所、村庄位置、领地以及使用区的地图。

● 记录、文献和临时性文件(ephemera),例如,个人和家庭信息、考古资料、宗教材料、民族植物学材料和宗谱资料。

访谈： 收集口述史资料

向社会工作者提及口述史,他们中的大多数人首先会想到个人或家庭治疗记录。但是,那些研究历史的人,特别是那些被边缘化的人,非常清楚文化传统的重要性,在这些文化传统中,记忆是口头的,而不是书面的。昌西(Chauncey,1994,p.370)认为,"在我早期的研究中,很明显,口述史将是关于同性恋世界内部运作的唯一最重要的证据来源"。口述史是一种记录历史的方法,其特点是对亲身经历或直接参与某一事件的人进行录音或录像访谈,这些人有这方面的知识,并有个人意愿为这项记录作贡献。第二次世界大战前,访谈主要由新闻记者和专业作家进行。然而,随着录音和录像技术的广泛出现,口述史已经成为一种宝贵的历史资源。通过口述故事来传递社会经验的旧方式,已经被新技术、新方法和新理论合法化了。

先驱学者路易斯·斯塔尔(Louis Starr)将口述史研究定义为,"通过记录口述的文字——通常是通过计划好的、录音的访谈——获得的原始资料,这些访谈对象被认为拥有迄今为止难以获得的、值得保存的信息的人"(Dunaway & Baum,1984,p.67)。例如,许多参与2004年伊拉克战争的退伍军人认为,对巴 53

格达(Baghdad)的轰炸在道德上是错误的,他们的叙述描绘了一幅与美国政府的官方描述不同的人类毁灭性的画面。这些口述史,以及同一事件两个版本之间的矛盾,可以为社会工作者对创伤、创伤后应激障碍(post-traumatic stress disorder,简称PTSD)以及药物滥用等领域进行干预提供有趣的前景。同样,当口述史引导我们去质疑一个事件的正式历史——所谓的"官方报道"(official story)时,它尤其有用。在第二次世界大战结束50周年前夕,口述史学家、"曼哈顿计划"(Manhattan Project)中某位物理学家的女儿玛丽·帕列夫斯基(Mary Palevsky)回忆了她父亲对原子弹的发明和使用所造成的道德上的痛苦与他对科学的热爱之间的冲突。帕列夫斯基(Palevsky,2002,p.71)回顾了她记录下来的父亲生命将结束时的口述史,而且从中意识到"曾经关于原子弹的私人问题已经成为公众讨论的一部分"。反过来,这个问题激发了她的学术行动,她加入了关于"适当"纪念广岛爆炸事件的论战。

由于时间和资源的巨大投入,口述史研究者发现,制订一个可行的计划是有用的。这个计划应该包括一个预期的访谈候选人清单(连同每个候选人的相关讨论主题),建立他们与历史项目之间的关联,并设置访谈的优先顺序。描述为什么选择特定的人接受访谈,有助于研究者为访谈做准备,并提高访谈的信度。一个好的口述史研究计划还应包括背景研究,这样可以揭示某一事件在其他叙述中的遗漏。主题清单可能会发生变化,但产生清单的过程为历史学家的总体计划提供了连贯性和方向。初步的背景研究应从一些简单的问题开始，比如"这个人已经接受过访谈吗？""我期望从这个人那里获得什么信息？"为了避免浪费时间或重复信息，研究者显然应该决定哪些受试者能为研究投入的精力提供最多的信息。

对口述史的需求从未如此之大。目击者的描述补充了官方的历史记录，并让一线的社会工作者和领导者了解他们前辈的经历，并用参与者的话语和声音把博物馆里的展品生动地展现出来。在今天这个以媒体为中心的世界，其结果是对形成当地历史和文化遗产的事件与人类经历有了更深刻的认识和理解。

54

当然，口述史的研究并不是没有方法论上的缺陷。将一项历史研究建立在叙事访谈基础上的问题在于，它吸引人的（通常是迷惑性的）连贯性和单一色调的陈述。社会历史学家尤斯塔斯（Eustace，1993，p.84）说，尽管历史写作者应该利用人类故事，但谨慎是必要的。"在某种程度上，叙事综合和理论分析总会出现矛盾，"她写道，"事实上，故事最吸引人之处在于，它能够创造完美无缺的幻觉。"

口述史有两个有趣的分支类型：档案记忆（archival memories）和间接记忆（indirect memories）。某些记忆保存得非常完整，即便随着时间的流逝，也没有弱化，因而它们被"存档"在大脑中。一个真实的事件很可能获得准永久性——换句话说，我们会将它记住，就好像它发生在昨天一样——如果（1）事件发生时，人们的情绪非常激动;(2) 随后的事件使最初的事件感觉像是生命的转折点之一;(3) 这个事件是相对独特的,而不会被重复掩盖。相比之下,来自间接记忆的信息比我们想象的要多,这些间接记忆来自那些没在场但听说了他者描述事件发展情况的人。历史写作者可以使用这种来自间接证人的传闻证据,路易斯·戈特沙尔克(Louis Gottschalk)说,如果历史写作者"不完全依赖它们的话"(Gottschalk,1969,p.292)。为了保证信度,我们应该问:"(1) 间接证人的证词是根据谁的原始证据作出的?(2) 间接证人是否准确地报告了整个原始证据?(3) 如果没有,他在哪些细节上准确报告了原始证据?"如果间接证人是研究者唯一的知识来源,那么对第二个和第三个问题的满意回答可以被解释为原始证据。在这种情况下,在作为研究者知识来源的意义上说,二手资料成为历史学家"最初的"(original)或"原始的"(primary)资料。就像任何原始资料一样,间接证人的证词必须得到证实,以确保其准确性和可信性。

55 　　讲故事(storytelling)一开始可能看起来不可靠,但对那些坚持积极倾听原则的社会工作者来说,尊重口头传统是很容易的。不可预测性是不可避免的;实际上,不应该是这样。土著群体的故事因征服和种族灭绝而遭到严重破坏,智力障碍人士几乎没有能力代表自己,忽视这些人所遭受的深刻的历史损害既不明智,也不可能。为了避免这些风险,一个认真对待人类故事并将其纳入历史叙事的研究者应该接受某些提醒。第一,访谈是记录一个人在回答研究者的问题时说的话。第二，无论如何记录，访谈都是一项正式的记录，必须予以相应处理和保存。因此，从根本上来看，口述史是一种合作型的冒险，它反映了访谈者和受访者双方为创造一份独特的历史资料而作的努力。不管具体的话题是什么，访谈者都应该尽可能全面地引出受访者的想法和观点。

周到而谨慎的口述史管理应该考虑到以下情况：

- 广泛条件（broad conditions）。一个历史传统应该由一系列目击者来证实，这些人包括从第一个已知的记者到现在的这个故事讲述者，或者第一个把故事写下来的人。甚至更好的是，几位类似的、独立的证人应该为同一个故事作证。

- 具体条件（specific conditions）。一般来说，这个传统是为了庆祝一个被许多人认可的重要公共事件，对于这个事件，至少在有限的一段时间内，他们要么相信它，要么积极否认它。加拉根（Garraghan，1946）提出了一个 150 年的限制，至少在口头记忆占优势的文化中是这样的。也许自相矛盾的是，最能被证实的故事包括一些对传统的挑战，在传统持续存在时，人们却批评它是虚假的。随着自然主义研究在社会和行为科学中重要性的凸显，历史研究者对叙事和讲故事的使用也越来越多。（Erlandson，Harris，Skipper，& Allen，1993）

56　　　　叙事、民间故事和神话传说构成了人们讲故事的框架，以此来在他们的个人、家庭和文化体验中唤起意义建构的核心。积极倾听这个叙事将会沉浸在他者的世界中。例如，采访社区的长者，允许研究者捕捉当地的历史和语言——用该地区独特的语言、语调、节奏和形象化的描述——同时，提高了参与者探索其祖先和文化背景的能力。这类证据也许看起来是主观的，但它们可能与任何客观性的评估一样接近"真相"。学习障碍儿童讲述他们陷入混乱和挫折的故事的自我叙述，促使约瑟夫·帕隆博（Joseph Palombo）去检验哪些隐喻可以揭示"个人的"意义，哪些隐喻可以揭示"共享的"意义（Palombo，1994）。对桑兹（Sands，1996）来说，在女性对自我和身份的隐喻中，可以听到一种特殊的历史声音。这种声音反映了由性别、种族、阶层、年龄和历史背景这些不同层面建构的身份。

梅达·埃尔曼·所罗门（Maida Herman Solomon）的口述史，她在心理健康和社会工作实践与教育方面的开创性事业贯穿了20世纪的大部分时间，构成了最近出版的《高举精神病学社会工作旗帜：随笔、观点和埃尔曼·所罗门的口述回忆录》（*Carrying the Banner for Psychiatric Social Work: Essays，Perspectives，and Maida Solomon's Oral Memoir*）这部作品原始资料的核心。她的回忆录带我们回到了 1916 年的波士顿精神病医院（Boston Psychopathic Hospital），当时那里是美国最具创新性的诊断和治疗机构之一，回忆录用生动的语言描述了这家医院的社会环境以及所罗门在实践方法和社区心理健康培训方面作出的努力。

实物：收集素材资料

我在办公室里写作，我的周围都是科技产品：笔记本电脑、打印机、扫描仪、两部电话（一部无线电话，一部有线电话）。旁边有一个时钟、一个碎纸机、一盏灯、一个苹果公司生产的音乐播放器、一个数码相机和一个电涌保护器。在我书桌左下角的抽屉里乱七八糟地堆放着许多电线、电源包、电池、盒子、笔和回形针。换句话说，我被很多东西包围着。在很多方面，物质决定了我们是谁。如果没有它们，我们的生活将会变得无法辨认，不管我们是否真的拥有它们，或者我们希望拥有它们。当我们从历史的角度来思考物质商品时，我们通常把它们看作进步或创新（便携式打字机、电视、无霜冰箱）的衡量标准。正如文化仪式是由典礼来定义的那样，它也是由物品的给予和接受来定义的。想一想结婚礼物和继承的家族肖像，文化遗产的代际传递。显然，这些物品及其视觉表现，具有巨大的象征性价值。理解变化在人类生活中的历史作用的传统方法，在很大程度上取决于我们对日常生活中的工具和手段的观察。

实物（realia），有时被称为手工艺品（artifacts），在大多数档案和手稿馆藏中有发现，在口述史信息提供者的家中也有发现。这些实物，无论是人造的还是自然出现的，都不容易被纳入清晰的书籍或文献分类中，但它们确实构成了历史的表征。其中包括大量

57

的东西,如广告宣传册、建筑蓝图、艺术和娱乐节目、徽章、存折、藏书者标签、服装、徽章和证章、财产清单、珠宝、皮具、刺绣、绘画、相册、印刷品、明信片、海报、邮票、剪贴簿、遗嘱、衣服、游戏、厨房用具、家具、布料——所有由人类文化生产出来的东西。专门为临时目的而创建的文献,如广告、名片、通知和门票,这些也被称为临时性文件。一些具有历史价值的独特物品,如节目、海报、小册子、剪报、纽扣、锦旗和贴纸,这些也被称为纪念品(memorabilia)。

这些实物为研究者提供了一些用来说明哪些东西已经丢失,以及哪些东西可以重新找回的最生动的说明。当然,与所有其他形式的文献一样,可视文献必须满足公认的真实性标准。一张照片的来源——关于这件作品由原主人保管的信息——是特别重要的。一份编年史也许足以证明这件作品的真实性,但一个富有想象力的历史写作者还想去探究是什么走进了视觉故事中:背景、中间立场和前景细节都为叙事提供了声音。想想 1863 年某人与亚伯拉罕·林肯(Abraham Lincoln)合影的照片与最近有人同林肯纸板剪影合影的照片之间的区别。

58　数字：收集定量资料

数字计数。在 2004 年的美国总统大选中,有多少拉丁美洲人投票给了约翰·克里(John Kerry)?有多少女性?21 岁以下的人有多少?分析这些资料可以让我们对投票的方式和人口统计资料有大致的了解,比仅凭档案和口述史资料更能全面地了解总统竞选。这只是一个例子,但"所有对研究社会感兴趣的人,无论是过去还是现在,都需要去掌控定量资料:要去命令它,而不是成为数字权威的奴隶,这个数字权威是从文献或一小部分倾向数字的研究者的著作中产生的,"帕特克里·赫德森(Patrick Hudson)写道(Hudson,2000,p.17)。尽管档案资料很丰富,但在过去的几十年里,社会、经济和政治资料的宝库已经通过计算机化数据库积累起来。现在,历史写作者可以使用 SPSS(社会科学统计软件包)以汇总、统计和绘图的形式来呈现和评价这些定量资料。地理信息系统(geographical information system,简称 GIS)使我们能够在空间上绘制资料地图。

经验史学无疑受益于定量资料的使用:它们表面上是客观的、精确的、详细的、准确的和明确界定的,而且是独立的,它们有助于在经典实证主义传统中对描述、理论和预测进行概括,而且可以对因果关系进行评估。经验史学对严谨性的追求吸引了那些批判后现代主义的人,而对他们来说,轶事或口述史是解释性的和主观的,而且是基于产生不可概括的理论和解释的主观资料。虽然这可能是一项重大的学术争论,但实际上,我们越来越认识到定量方法在本质上是定性方法的补充,反之亦然,特别是在很难衡量前后文因果关系的描述时。

收集和使用定量资料作为历史证据的历史写作者会发现,数字可以以各种适合研究的形式被选择、设置、定义、排序和呈现。统计技术可以整理和呈现定量资料,以便对这些资料进行解释以回答历史问题。即便是最简单层面的量化，当被运用于历史证据中时，也会使汇总和呈现大量资料成为可能。例如，一个表格或一个数字，可以呈现出对平均或典型经验的测量，而且可以为我们有效描述某一特定行为（如投票方式）在时间和空间上的变化范围。因为一个清晰的统计表或图可以简洁而准确地描述一组数字，所以它有助于十分有效地开展意义分析。基本的描述性统计技术，如对集中趋势和离散程度的测量，拓宽了我们的视野，而且它们以图形总结中的直观呈现直接补充了定性资料。除了政府资料之外，研究者还可以通过查阅五卷本的《美国历史统计：从最早的时代至今》（*Historical Statistics of the United States: Earliest Times to the Present*，Cambridge University Press，2006）[①]来开始他们的项目，它拥有丰富的统计资料，其中许多资料与社会福利史高度相关。

当社会工作研究者研究历史叙事时，他们可能在历史分析时会避开定量研究和对计算机的使用。甚至在专业的历史学家中这也是常见的。英国政治学家保罗·拉姆（Paul Lambe）开发了关于历史定量研究方法的一整套课程，并警告，"历史学家对量化仍有很大的反感"（Lambe，2003，p.8）。然而，当与其他研究方法相结合时，统计技术获得的证据确实扩大了我们对历史的理解。

---

① 或译为《美国历史统计大全》。——译者注

历史资料的来源

　　历史研究的来源是一个难以衡量的范畴,可以追溯到史前,而且在国家内部和国家之间以及其他地方不断展开。开始去调研这些来源的想法能够使人产生强烈的个人反应:兴奋、沮丧、惊讶。传统主义者可能会为基于网络技术和电子数据存储的出现而哀叹,特别是互联网上高度配置的搜索界面的使用。对精通网络空间的当代研究者来说,"档案"这个词确实带有一丝发霉的味道。然而,对那些对今天的技术感到恼火的人,以及那些对资料收集持强烈的理智态度的人来说,对原始资料的积极调查解救了档案研究。有效的研究确实需要大量使用原始资料,但二手资料将有助于对研究假设进行背景说明、解释和辩护。历史研究的来源多种多样,其地理分布也因研究范围的不同而有所不同:对当地艾滋病机构的研究可以局限于一个城市或社区,但对罗斯福新政下的就业趋势分析就应该在全国范围内开展。巨大的面无表情的图书
馆墙壁像城堡的城垛一样矗立着,作为早期建筑,它吸引了不同类型的研究者。今天的研究者被鼓励尽可能广泛地使用网络搜索、

口述史访谈、原始文献、三维对象和档案研究等方法，以使历史研究显得新鲜、民主和有吸引力。

　　当研究者选定他们预期的资料来源，包括原始资料、二手资料、访谈对象和实物馆藏时，研究假设在指导着研究者。最好的研究是吸纳尽可能广泛的原始资料的样本——不仅仅是最古老或最著名的，而是有助于对历史问题作出合理回应的任何人或任何事物。

原始资料

　　到目前为止，原始资料是历史研究的首选要素。"寻找和评估原始历史资料是探索工作中的一项锻炼。这涉及锻炼你的逻辑推理能力、直觉力、耐力和常识，"登青和林肯（Denzin & Lincoln，1998，p.252）写道。现代历史学家喜欢原始资料，无论准确与否，因为它们为历史问题增添了新的事实或观点。它们往往令人兴奋，就像考古发掘一样：发现和探索出一篇文本，可以让学者重温更早的事件。原始资料文献为学术写作增加了权威性的声音，拓展了研究者的想象力并锻炼了他们的学术创造力。正如图书管理员凯瑟琳·克雷弗（Kathleen Craver）所说："原始资料可以让学生将其与自己的想法联系起来，并形成对意义的多重解释。"（Craver，1999，p.8）当然，原始资料不只是书籍，它们还可以以口头、视觉和电子的形式存在。在社会工作中，某些经典的馆藏已经承载某项原始资料的价值。例如，罗伯特·布雷姆纳

(Robert Bremner)三卷本的《美国的儿童和青少年：一部纪实史》
(*Children and Youth in America: A Documentary History*)是一
部有用的文献选集（报纸文章、法庭判决、法令、机构报告），它阐述
了 1600—1970 年美国儿童史各方面的发展。

　　社会工作者感兴趣的原始资料可能是那些毫无歉意的政治性　　62
文章，例如，有关非法性交易的恐怖或监禁的创伤。这些第一手资
料可以在手稿、信件、书籍、日记、法庭记录和庭审笔录、银行文件、
诗歌、自传以及报纸对事件和社会运动的报道中找到。如前所述，
当这些"历史细节"保存在博物馆、档案馆、图书馆或私人收藏中
时，通常被称为档案资料，但越来越多的原始资料采用了电子形
式。每天，从互联网上直接下载原始历史资料变得越来越可行；原
始资料，如演讲、诗歌、电影、音乐和艺术品，都可以通过搜索引擎
进行访问。当然，一些名人的书信和回忆录可以在书店或图书馆
的书架上找到。

　　原始资料的有效性在于它们唤起的同理心，因此读者对历史
人物的反应是一种分享经验的感觉，也许是分享一点他们的神秘
感。这是埃玛·戈德曼（Emma Goldman）——美国早期女性主义
者和无政府主义领袖——回忆起 1896 年在维也纳倾听弗洛伊德
时的生动感受。"他的纯朴、认真与他的聪明才智结合在一起，给
人一种被带出黑暗地窖，进入宽广白昼的感觉。我第一次明白了
性压抑的全部意义以及性压抑对人类思想和行动的影响。他帮助
我去了解自己，了解自己的需要。"

原始资料通常具有文学特征。例如,在写纳粹时代时,整个文学作品都会受到第二次世界大战大屠杀的影响。这些文学作品包括在集中营里生存的真实故事、逃亡和战后生活,以及虚构的作品和诗歌。例如,索尔·贝洛(Saul Bellow)的《扎姆勒先生的星球》(*Mr. Sammler's Planet*)、威廉·斯泰隆(William Styron)的《苏菲的选择》(*Sophie's Choice*)和阿特·斯皮格曼(Art Spiegelman)的《鼠族》(*Maus*)。

传统上,原始资料一直是历史研究的黄金标准,这是一个历史事实几乎不容置疑的地方,但这种观点正在发生改变。"不管这些证据是如何被描述的,没有任何证据可以在被发现的状态下使用,"巴尔赞和格拉夫(Barzun & Graff,1992,p.155)写道,"它必须经历研究者的被视为批判方法的思维行动。"换句话说,研究者应该不仅要研究文本,而且还应该研究原始文献的潜台词。应评估原始资料的外部效度。在这里,档案管理员是研究者最好的学术同事,因为他们已经在确定记录的来源和真实性以便对其进行分类的过程中做了大量工作。同时,对原始资料的内容进行了内部信度的检验。这些陈述有多可信? 写作者的能力如何? 他们的偏见是什么? 所有这些都说明,在评估来自原始来源的资料时,需要批判性思维的技能。历史研究的价值往往取决于写作者对这些原始资料的使用。

要注意,实物也是原始资料。研究者往往因为实物与历史主题的联系而欣赏其真实性,而不是因为物品的内在价值、艺术价值、历史意义或科学价值（Olson，2001）。然而，大多数政府或机构的档案馆是非常挑剔的，往往会拒绝接受非文件物品的捐赠，除非它们具有特定的纪实价值或在本质上属于馆藏。例如，歌舞杂耍乐谱很适合美国国会图书馆的表演艺术图书馆（Library of Congress's Library of Performing Arts），或者一副弗洛伊德的眼镜会受到伦敦和维也纳的弗洛伊德博物馆的欢迎。如果档案馆确实接受了大量混合物品的遗赠，他们通常要求捐赠方签署法律文件，允许档案馆销毁、交换、出售或处置那些根据其最佳判断，既不是手稿（如打字稿或印刷品）也不是对理解手稿有直接价值的物品。

日记、自传和回忆录是对个人日常事件和思想的书面记录。这些个人书信文件集由在世的个人或家庭创建和维护，通常包括相关新闻剪报、个人财务记录、照片和笔记。作为私人文献，日记应该不是为广大读者准备的，但有些日记，如塞缪尔·佩皮斯（Samuel Pepys）[①]和《安妮·弗朗克日记》（*Diary of Anne Frank*），仍然在许多层面上受到赞誉：因为它们具有很高的文学品质，能够唤起读者的情感反应，以及它们是对一个历史时期某些无形特质所作的描述。回忆录是另一种自传的写作形式，但回忆录不同于自传，因为它不是以写作者自己的生活和经历为中心。相反，回忆录给出了写作者对重要人物或重要事件的个人印象。

---

① 此处指《佩尔斯日记》（*The Dairy of Samuel Pepys*）。——译者注

例如,明尼苏达州历史学会(Minnesota Historical Society)收藏的莉迪亚·保尔森的书信文件集(Lydia Paulson Papers)中的日记揭示了 1922—1975 年明尼苏达州一名女工的工作、家庭和社会生活。乔治敦大学劳因格图书馆(Lauinger Library)收藏的哈里·L. 霍普金斯的书信文件集(Harry L. Hopkins Papers)中包括富兰克林·D. 罗斯福(Franklin D. Roosevelt)最信任的顾问在 1932—1946 年的日记。记录朱莉娅·C. 斯廷森(Julia C. Stimson)在第一次世界大战中担任陆军护士队队长的日记可以在纽约-长老会/韦尔·康奈尔医学档案馆(New York-Presbyterian/Weill Cornell Medical Archives)中找到。弗雷德里克·道格拉斯(Frederick Douglass)自传的草稿《弗雷德里克·道格拉斯的生平与时代》(*Life and Times of Frederick Douglass*),以及道格拉斯保留的 1886 年和 1887 年在欧洲和非洲旅行期间的日记——他生命中特定时期唯一为大家所知的文献——保存在国会图书馆手稿部(Manuscript Division of the Library of Congress)。

65   **数据文件**(data files),如普查统计数据或机构预算,如果它们已被编制成表格,但不包括评注,也可作为原始资料。数据文件通常已经从原来的格式被转换成机读形式,或也许只能以电子资源的形式存在。为了充分利用好这些数据,研究者应该具备统计方法和统计计算机软件包的基本知识。

例如,目前的人口调查(Current Population Surveys)是由大

学间政治和社会研究联合会(Interuniversity Consortium for Political and Social Research)分发的计算机文件,不是政府文件(government documents),但其定期向政府提供用于人口规划、贫困和失业分析与人口趋势研究的基线信息。

政府文件是无价的资料来源。1934年,美国政府建立了美国国家档案馆(National Archives)来保存其过时的记录;《1950年联邦记录法案》(Federal Records Act of 1950)授权在总务管理署(General Services Administration)指定的地区建立中级记录储存库。今天,每个州都有自己独立的档案机构。政府信息的来源,而不是形式,使得政府信息是独一无二的。不论是印刷的还是网上的,政府的公开出版物均由政府机构的雇员制作或编撰,费用由政府承担,或根据法律规定来确定。联邦、州和当地政府机构不断更新其信息产品,所有这些产品都可公开查阅(尽管在政府办公室内产生的某些书信文件集和通信可能被认为不是公共信息,而是该机构记录或档案的一部分)。形式可以是网页、书籍或专著、报告、地图或机读的数据文件。有趣的是,在政府机构内部产生的一些书信文件集和通信并没有被"公之于众",也不容易被"公众"查阅:这些文件被认为是该机构记录或档案的一部分。

例如,社区服务管理署(Community Services Administration)创建文件来跟踪向当地社区行动项目和社会福利组织提供的拨款。这些文件可在马里兰州科利奇帕克的国家档案馆的电子和特别媒体记录服务部(Electronic and Special Media Records

Services Division,简称 NWME)获取。明尼苏达州历史学会收藏了政府文件,详细记录了从 1867 年到 20 世纪 20 年代明尼苏达州鼓励移民作出的努力。自 1882 年以来,哥伦比亚大学的莱曼社会科学图书馆(Lehman Social Sciences Library)一直是美国联邦文件的存放处。最高法院、美国司法部部长、司法部副部长和上诉法院法官的关于劳工法管理的重要法庭案件的书信文件集,可在国会图书馆查阅。

实录是由私人或非营利组织(政府机构、教会、企业、大学)制作、接收或保存的年度报告和案例记录。一个组织的记录通常包括信件、备忘录、账目、特别报告、照片以及从其他办事处收到的信件、报告和备忘录的副本。这些记录可能包含大量的信息。虽然图和表一开始看起来很平淡,但一排排鲜明的数字和复杂的人口统计学相结合,可以使即使看起来最朴素的数据也大受研究人员的欢迎。实录特别适用于调查医院、监管机构、儿童福利或其他社会服务提供者的历史。

例如,纽约波坎蒂科山洛克菲勒档案中心(Rockefeller Archive Center)收藏的洛克菲勒基金会档案(Rockefeller Foundation Archives),记录了从最初调查到结案所拨款项的全过程,包括通信、机构会议记录、内部报告、出版物、干事日记摘录,以及基金会拨款行动。纽约历史学会(New York Historical Society)收藏了女性基督教联盟(Ladies Christian Union)的记录,从 19 世纪中叶开始,该组织为在纽约工作和学习的年轻女性提供经济适用房。在 1922—1941 年活跃的每一个进步团体几乎都在美国公共服务基金（American Fund for Public Service）的记录中有所体现，这些都被收在纽约公共图书馆的人文和社会科学图书馆（Humanities and Social Sciences Library, New York Public Library）的美国公共服务基金的记录（1922—1941）（American Fund for Public Service Records，1922 - 1941）中，其中包括内部和外部的通信、会议纪要、委员会报告和调查。

连续出版物，如杂志和报纸，是非常有价值的原始资料，因为它们即时发布，而且通常是对历史事件非常生动的叙述（和反应）。美国的期刊出版社几乎与最早的殖民地一样古老。从那时起，连续出版物在国家和当地社区的心智和社会生活中发挥了持续且重要的作用。公报、时事通讯、专业和贸易期刊以及其他连续出版物满足了历史写作者的需要，因为它们记录了许多个人发现和组织行动的爆炸性新闻。要将连续出版物作为原始资料的话，研究者应该首先确定在考虑的时间和地点范围内存在哪些出版物。幸运的是，许多连续出版物有可用的索引。由于报纸出版频繁、覆盖面广，而且每期文章数量较多（相当短），很少有报纸制作印刷索引。有两个例外——《纽约时报》（*New York Times*）索引（1851 年至今）和《伦敦时报帕尔默索引》（*Palmer's Index to the Times of London*）及其衍生品（1790 年至今）——用一种也许是除了报纸网站以外其他地方很少见的即时性来说明历史。然而，人们可能会花上几个小时来研究一个又一个问题，或者细看一卷又一卷缩微

67

胶卷(microfilm),寻找一个事件或一个人的名字。相比之下,期刊则经常被编入索引,而且很全面:大多数期刊附有年度索引,独立的期刊索引则按作者和主题会汇总出数百个相同的主题条目。随着互联网的发展,这样的索引已经被大大拓展了。

当连续出版物处于存档状态时,图书馆通常会像对待其他馆藏一样来控制对它的查阅。例如,这是芝加哥大学图书馆(University of Chicago Library)的政策,来自其官网(www.lib.uchicago.edu/e/spcl/archser.html):"大学档案馆中的所有连续出版物都可供真正的研究者查阅。一些常被使用的连续出版物在特藏部一楼的档案参考区向公众开放……所有其他的连续出版物可在特藏部的流通服务台索取,只要提交一张注明篇名和报刊期号的调用单。一些连续出版物的额外副本也作为图书馆一般馆藏的一部分被保存。在特定大学的办公室或院系的档案记录以及教员的书信文件集馆藏中,有时可以找到连续出版物和其他大学的出版物;在特藏研究中心(Special Collections Research Center)和网上可查阅个别档案馆藏的检索工具。"

68　　　　例如,密歇根州立大学图书馆美国激进主义馆藏(The American Radicalism Collection)中包含左翼政党、种族主义和新纳粹组织的连续出版物以及宣传和社会变革的出版物。从20世纪60年代到20世纪70年代,还有大量的地下(秘密)报纸。《切罗基凤凰报》(Cherokee Phoenix)是美洲印第安人发行的第一份报纸,其索引逐条列出切罗基族发布的法律和公共文件、当时的相关新闻,以及其他旨在引导切罗基人走向"文明"的各种信息。这个索引可以在美国阿肯色大学小石城分校的塞阔亚研究中心(Sequoyah Research Center)中找到。

纽约历史学会报纸馆藏中包括原始殖民地纽约的报纸、1820年之前出版的其他报纸、商业和政治日报,以及直到南北战争结束的大部分北部和南部城市的主要报纸。

使用档案材料

在研究者的心中,一份文献可能只包括其标题描述的那些内容——例如,《1876 年北方药房年度报告》(annual report of the Northern Dispensary for 1876)。然而,对原作者来说,这份文献很可能有其他含义。因此,研究者需要训练自己能够正确地去理解文献。

现场阅读档案材料是一项繁重的工作,即使对经验丰富的学者来说也是如此。手写文献上的墨水可能已经褪色,或者纸张可能比较脆弱,而且文献的自然状态比较差——第一眼看上去很吸引人,但从长远来看是比较麻烦的。作者的笔迹(handwriting)可能难以辨认了。即使是打印的文本,如果墨水已经被弄脏或墨水已经脱色,那么事情也会很棘手。报纸和期刊的质量各不相同,但随着时间的推移,往往会变得比较脆弱。

大多数档案机构会设法保存它们的原始文献,因此会给研究者提供副本或缩微胶卷来审查。由于这些媒介的质量不同,所以

并不能自动使阅读变得轻松。在 20 世纪 90 年代数字技术大规模

69 扩张之前,缩微胶卷是复制记录的首选实用媒介,以防范风险,防止常规的恶化或损坏,并用于国际交换,代替直接借用或为学者提供便利,以及降低维修、装订和存储的成本。缩微胶卷只是许多普通产品和工艺(称为缩微)中的一种,这些产品和工艺利用的是需要放大才能读取的大幅缩小的图像。其他包括缩微胶片、缩微胶卷夹套和微型卡。虽然这种情况正在发生改变,但今天在缩微胶卷上的记录(特别是报纸和期刊的记录)仍然多于数字形式的记录。

我们使用不同的术语来描述阅读档案材料的方法,但它们通常分为图解法和逻辑法两类。图解法适用于手写文献的研究,要求了解(或研究)一个历史时期的标准笔迹。例如,18 世纪学者的笔迹与 20 世纪教授的笔迹是不同的,任何时代一年级学生的笔迹都与受过教育的成年人的笔迹相去甚远。原始文献的手写样本(及其印刷版本)可以复制,值得提前咨询。例如,格拉戈列娃(Glagoleva)的《新闻网:美国斯拉夫研究进步协会的新闻》(*Newsnet: News of the American Association for the Advancement of Slavic Studies*,2002)中包含各种现代俄语手写笔迹的样本,以及对阅读练习有用的印刷版本。

逻辑法主要依赖于文献的信息——类型、创建日期、作者的社会阶层——这是一种演绎式的“解密”。所谓文献类型,指的是一个机构的统计报告和接收登记簿(register),或一个社会工作先驱

的个人信件和手稿。文献类型是确切的,因为官方文献有一个明确的结构,而且随着时间的推移,其使用的行政措辞变化得非常小。对一个机构最近年度报告的阅读可以为我们解读手写文献提供一个蓝本。此外,个人书信文件集很少遵循一些先决条件或标准,但它们确实与我们共享了一些广泛的结构要素和受文化、教育水平以及社会阶层影响的语言。例如,官方信件往往有相似的问候和结尾,而朋友之间的信件差异就很大。仔细研究这些类型的文献将有助于我们分析手写文献。值得注意的是,正如帕特里克·赫德森(Patrick Hudson)所写的那样:"个人书信文件集和官方记录给历史学家留下了更多的是关于精英阶层而不是工人阶级的信息,是关于成年男性而不是妇女和儿童的信息,是关于定居的当地人而不是移民或少数族裔的信息,是关于政治和社会活动家而不是比较被动的大多数人的信息。"(Hudson,2000,p.7)

　　档案馆通常会为我们提供文献的影印本(photocopy,尽管通常要付费),而且现在许多档案馆也提供扫描图像或文本文件服务(研究者也要付费)。图书管理员将决定图书和手稿中的文献是否可以由研究者自行复印,或者为了保存,复制工作必须由图书馆内部的技术人员来进行。复制限于物理状况良好的材料,不受法律或捐赠者的限制。副本是依照《美国版权法》(United States Copyright Law)提供给研究者的,须经馆长的批准,仅供提交申请的个人使用。准许复制文献,或拥有由图书馆职员复制的文献,并不表示转让了复制或出版这些材料的权利。例如,芝加哥大学图书馆在其官网上明确提出（上面提到过）："档案馆将接受任何连续出版物的影印复制申请，除非材料的物理状况不允许复印。有关手续的申请和信息可在特藏研究中心的流通服务台获取。"需要档案或手稿材料的副本需要一份特定的图书馆申请表，通常要签署协议，正如《美国版权法》规定的那样，即未经版权持有人和图书馆的许可，不得出版或复制任何超过合理使用范围的文献或大部分重要材料。

档案的专用术语

在使用档案或手稿开始进行一个项目之前，研究者应该熟悉以下专用术语和定义。

访问（开放和限制）。这指的是对保存在档案和手稿馆藏中的文献的可用性或使用许可。访问资料是受到严格管理的，而且一些记录的访问是受到限制的。"限制访问"一词是指对私人文献或含有潜在秘密信息，如带有姓名的患者记录或受法律保护以防泄露的有关国家安全数据的限制。换句话说，有些记录之所以不向公众开放，是因为它们被认为包含的信息如果被披露，可能会损害个人隐私或损害公共活动。"有条件豁免"（conditional exemptions）需要档案馆管理部门权衡公众知情权与个人隐私权之间的关系。"无条件豁免"（unconditional exemptions）源于禁止行政机关向公众公布或披露特定记录或信息的具体法定指示。限制可能有截止日期，在此日期之后，任何人都可以阅读这些文献，或者可能仅限于特定的人群或阶层。这些限制是由档案馆或手稿库实施的，但也可能是由法律、保管这些记录的档案馆或手稿库、政府部门或政府官员或捐助者实施的。相比之下，《1966 年信息自由法案》(Freedom of Information Act of 1966)保护公众获取由联邦机构掌控的信息的权利。例如，为了进入洛克菲勒档案中心，研究者必须提供一个关于研究项目的简要书面说明、该研究的核心人物和机构名称、该研究涵盖的年份，以及对该研究的任何地理限制。工作人员将进行答复，同时就馆藏的相关材料的范围和内容进行说明，并安排一次约谈。在研究者第一次到馆进行访问时，档案管理员将对该中心的设施、规则和规章进行登记式面谈和指导。

纽约-长老会/韦尔·康奈尔医学档案馆的大多数机构记录在其创建之后 25 年才可供公众研究；对病人医疗记录的访问是要受到限制的，并受联邦政府《1996 年健康保险可转移和问责法案》(Health Insurance Portability and Accountability Act of 1996)中规定的隐私规则的制约。

科罗拉多河印第安部落图书馆(Colorado River Indian Tribe Library)的档案可供部落成员查阅；非部落成员需要提交申请，他们必须同意遵守使用手稿的规则。哥伦比亚大学维奥拉·W. 伯纳德的书信文件集(1907—1998)(Viola W. Bernard Papers, 1907 -1998)中的所有临床记录都受到永久限制，其中许多记录在特定时期内是不开放的；关闭期结束后的访问也将受到管制。

72

馆藏。馆藏被定义为一组从各种来源特意收集来的文献,旨在展示一个历史时期或社会运动、一个人的生活和工作,或收藏者的兴趣。这一组文献是根据某些共同特征(例如,获取方法、创建者、主题、语言、媒介、形式或收藏者)而汇集在一起的,而不考虑文献的来源。馆藏通常是由私人或机构来组织收集的。

例如,斯沃斯莫尔学院和平馆藏(Swarthmore College Peace Collection)的使命是收集、保存和制作可获得的资料,这些资料记录了非政府组织为实现非暴力社会变革、裁军以及解决人民与国家之间的冲突所作出的努力。

哥伦比亚大学社会工作图书馆机构馆藏(Social Work Library Agency Collection)系统收藏了社会服务机构的记录和临时性文件,这些记录和临时性文件是以一般报告和年度报告、会议和研讨会记录、意见书、培训和案例文献的形式呈现的;主题包括社会工作、社会服务、家庭和儿童、日间照料、老龄化、身体健康和心理健康、酗酒和毒瘾、社会康复和身体康复。

明尼苏达大学让-尼古拉斯·特雷特的男同性恋者、女同性恋者、双性恋者和跨性别者研究馆藏(Jean-Nickolaus Tretter Collection in Gay, Lesbian, Bisexual and Transgender Studies),其涵盖了国际范围内各个时间段的媒介,最初是作为一个活动家的个人收藏,并提供了有关男同性恋者、女同性恋者、双性恋者和跨性别者的思想、知识和文化的历史记录。

罗斯福大学图书馆新政研究中心(Center for New Deal

Studies at the Roosevelt University Library)有关于罗斯福的、新
政的以及美国历史上新政时期的社会、经济、政治和文化史的材
料,其中包括书籍、照片、录像带、口述史、手稿馆藏以及数以千计
的临时性文件。

　　卷盒目录。这是放在每一个案卷盒中的书面材料清单,是便 73
于检索文献而研发的。卷盒目录(container list)通常包括系列或
文件的标题、放在每个案卷盒中的部分文件,以及其中材料包含的
日期。卷盒目录也可以包括货架的位置。案卷盒也被称为"箱子"
(box)或"档案存储箱"(archive storage box)。不管叫什么名字,
这些都是由无酸材料制成的特殊的硬纸板存储容器,是设计出来
用于存放档案材料的。

　　例如,国会图书馆收藏的 1918—1986 年全国城市联盟
(National Urban League)的资料是按照部门组织的:管理和公共
事务、社区发展、经济发展、行政办公室、全国家庭就业委员会、个
人书信文件集和研究。

　　史密斯学院索菲娅·史密斯馆藏(Sophia Smith Collection at
Smith College,Smith College)中的简·亚当斯的书信文件集
(1904—1960)(Jane Addams Papers,1904‐1960)是由两盒子的
书信文件集和文章组成的,其中包括传记信息(文章、讣告、纪念物),
简·亚当斯的无线电广播的打字稿,关于国际妇女争取和平与自由
联盟(Women's International League for Peace and Freedom)的组
织和历史信息,简·亚当斯的演讲,关于赫尔之家的文章和印刷材

料,以及简·亚当斯和赫尔之家的一些照片和图片。

文献。一份文献是一项记录下来的信息,通常是记录在纸上,但也可能记录在其他物理介质(黏土片、纸莎草纸、木头、羊皮纸、纸张、胶卷、计算机磁带、激光磁盘)上,这些介质或者是用手工制作的(如在纸上写字的笔),或者是通过机械手段(如计算机磁带上的电脉冲)制作的。

例如,康奈尔大学塞缪尔·J.梅反奴隶制馆藏(Samuel J. May Anti-Slavery Collection)中有一篇1860年的文章——《奴隶制被〈圣经〉认可吗?》(*Is Slavery Sanctioned by the Bible?*)获得100美元的奖励,因为它是教会在反奴隶制社会征文竞赛中的"关于〈圣经〉中有关奴隶制教义的最佳作品"。美国医学协会(American Medical Asociation)的档案包含近70年来美国医学协会调查部开展的关于医疗庸医的调查活动。

约瑟夫·奥尔雷德的书信文件集(1819—1864)(Joseph Allred Papers in the 1819 - 1864)。北卡罗来纳大学教堂山分校手稿部(Manuscripts Department,University of North Carolina at Chapel Hill)收藏了一封1857年8月29日的信件,这是一封维莱·莱斯特(Vilet Lester)写给一位前主人的信,信中按时间顺序记录了她离开后被出售和更换主人的情况;在寻找女儿的过程中,莱斯特表达了她因家庭被迫分离而产生的感受。

检索工具或登记簿。就像地图或图表一样,检索工具是描述特定馆藏中文献材料的范围、内容、性质和布置情况的书面清单。

基本的检索工具(已出版或未出版的、手工的或电子的)包括当地、区域或国家层面的描述性数据库;馆藏指南和馆藏目录;排架目录和卷盒目录;以及索引。档案馆和手稿库制作检索工具,既是为了对其记录和档案材料进行实物或知识管理,也是为了方便研究者为研究做准备。

美国杜兰大学阿米斯特德研究中心(Amistad Research Center,Tulane University)收藏的邓恩-兰德里家族的书信文件集(Dunn-Landry Family Papers)记载了路易斯安那州一个显赫的家族在参与当地和国家民权以及社区问题过程中的领导地位。这个书信文件集的检索工具可以在 www.tulane.edu/~amistad/_pdfs/findingaid-landry.pdf 上获取。弗洛伦斯·凯利的馆藏(1894—1981)(Florence Kelley Collection,1894-1981)中的关于这位社会工作者、改革家、律师、妇女参政论者和社会主义者的书信文件集,包括她在赫尔之家的居住情况,以及芝加哥劳工运动(Chicago labor movement)的形成,其检索工具可以在 www.uic.edu/depts/lib/specialcoll/services/rjd/findingaids/FKelleyf.html 上获取。在阿肯色大学小石城分校塞阔亚研究中心的杰克·D.菲利皮亚克的馆藏(Jack D. Filipiak Collection)中,可以找到与印第安人组织和威斯康星条约权利有关的资料,研究者可以在 http://anpa.ualr.edu/finding_aids/flipiak.htm 上访问检索工具。

立方英尺(或立方米)、线性英尺(或线性米)。 档案材料占据的空间体积以立方英尺(一英尺高、一英尺宽、一英尺深)或用公制体积度量来衡量。这一测量方法可使研究者掌握馆藏的规模。档案或记录的储存箱相当于一立方英尺。线性尺(或称线性米)是用来测量某一特定馆藏中档案材料占用的排架空间的大小,或纵列卷宗的长度或水平卷宗材料的厚度。15 线性英寸信件大小的卷宗将填满一个档案或记录存储盒。

75　　例如,纽约大学塔米门特图书馆和罗伯特·F. 瓦格纳劳工档案馆(Tamiment Library and Robert F. Wagner Labor Archives at New York University)的美国争取和平的退伍军人记录小型馆藏(The Small American Veterans for Peace Records Collection)有 0.5 线性英尺,这个馆藏记录了反对军国主义,支持改善与苏联的关系,以及一项进步的社会议程等工作。

　　芝加哥历史学会/研究中心(Chicago Historical Society/Research Center)馆藏的全国社会工作者协会伊利诺伊州分会的记录(1921—1978)(National Association of Social Workers, Illinois Chapter Records from 1921 to 1978)为 10 线性英尺;这个馆藏的主题包括 1924 年分会的成立、社会工作的专业化、社会工作者的标准和伦理、福利机构的行为准则、就业实践和人事条例、福利法规、公共援助事项以及大萧条期间与第二次世界大战期间和战后的变化情况。在马里兰大学,古巴公司(Cuba Company)的档案为 273.50 线性英尺。古巴公司是一家美国公司,在美西战争后在古巴东部开发了铁路和糖业种植园,对古巴社会、政治和经济产生了重大影响;在这些广泛的行政记录中,特别令人感兴趣的是有关 1912 年非裔美国人抗议、劳资纠纷和罢工的一系列通信。

个人书信文件集。个人书信文件集馆藏包括个人或家庭积累的并受其处置的私人文献和公共文献。私人书信文件集通常是一个有机整体，自然而然地形成于一个人的生活过程中。这一组文献具有潜在的一致性，但通常不像一个馆藏那样完整。

例如，在拉德克利夫研究所（Radcliffe Institute）的美国阿瑟和伊丽莎白·施莱辛格妇女史图书馆（Arthur and Elizabeth Schlesinger Library on the History of Women in America）中收藏的伊丽莎白·普林斯·赖斯的书信文件集（1948—1969）（Elizabeth Prince Rice Papers，1948－1969）中，记录了医院社会服务部门和医生社会工作技术的发展。

马丁·路德·金非暴力社会变革中心（Martin Luther King Center for Nonviolent Social Change）/金中心（The King Center）保存了马丁·路德·金博士和其他著名民权人士的个人书信文件集（personal papers of Dr. Martin Luther King Jr. and other notable civil rights individuals）。阿瑟·邓纳姆（Arthur Dunham）是马萨诸塞州和宾夕法尼亚州的社会工作者，密歇根大学社区组织的教授，也是一位在第一次世界大战期间出于良心拒服兵役而被监禁的和平主义者，阿瑟·邓纳姆的书信文件集（1900—1980）（Arthur Dunham Papers，1900－1980）可以在密歇根大学本特利历史图书馆（Bentley Historical Library）中找到。

来源。来源是指特定档案记录的原始所有权、保管权和保

76 管权转移的信息。1952—2001 年，西格蒙德·弗洛伊德档案馆 (Sigmund Freud Archives)将弗洛伊德的书信文件集和其他物品交给了国会图书馆手稿部；1970—1976 年，安娜·弗洛伊德 (Anna Freud)向国会图书馆提供了更多的材料，随后她在 1982 年去世时将她保存的她父亲弗洛伊德剩余的书信文件集赠予国会图书馆。许多其他捐赠者在 1942—2001 年直接向国会图书馆捐赠了与弗洛伊德有关的材料，在 1943—1999 年，国会图书馆通过购买、转让和交换进一步获得了更多的材料。

例如，在 1960 年、1972 年、1975 年和 1976 年，凯瑟琳·达默·费希尔(Katharine Dummer Fisher)、玛丽昂·达默·阿博特 (Marion Dummer Abbott)和弗朗西斯·达默·洛根·梅里亚姆 (Frances Dummer Logan Merriam)把埃塞尔·斯特奇斯·达默的相关材料(1766—1962)(material relating to Ethel Sturges Dummer，1766‑1962)赠送给了拉德克利夫研究所。缩微胶卷是 1977 年从通用缩微胶卷公司购买的。1960—1963 年，K. D. 费希尔、沃尔特·T. 费希尔(Walter T. Fisher)和温内特卡妇女选民联盟(Winnetka League of Women Voters)，以及露易丝·扬(Louise Young)在 1980 年分别提供了额外的捐赠。1990 年 12 月，安杰拉·戴维斯(Angela Davis)本人将其全部安杰拉·戴维斯法律辩护文集(Angela Davis Legal Defense Collection)直接赠送给了纽约公共图书馆朔姆堡非裔美国人文化研究中心(Schomburg Center for Research in Black Culture at the New York Public Library)。

记录。任何由组织或机构制作、接收和保存的信息，不论其物理形式或特征如何，均被视为记录。[《联邦记录法案》(Federal Records Act)对记录的定义见《南加利福尼亚大学法典》第 44 卷第 3301 节。]所有的记录都是文献，但并非所有的文献都是记录；区别是文献可以在组织或机构之外被找到。为了便于存储，特殊的卡纸板箱子被设计成可以容纳大约 1 立方英尺的记录，并适合特殊配置的工业金属货架。

例如，记录的例子包括教区教堂的洗礼记录和婚姻记录、市政厅会议记录或外交部通信。如国会图书馆手稿部收藏的卧铺搬运工兄弟会的记录（1920—1968）(records of the Brotherhood of Sleeping Car Porters 1920‑1968)；在南加利福尼亚大学的加利福尼亚州社会福利档案馆(California Social Welfare Archive)中被找到的洛杉矶地区福利联合会的记录（1925—1962）(records of the Welfare Federation of the Los Angeles Area from 1925 to 1962)。

系列。根据统一归档系统进行管理或作为一个单位来维护的有组织的档案文献，通常因为它们有相同的来源、功能或活动，或者具有特定的形式，这些档案文献被称为系列。

史密斯学院索菲娅·史密斯馆藏的平等权利修正案运动档案 77
项目的记录（1970—1985）(Equal Rights Amendment Campaign Archives Program Records，1970‑1985)，从系列一"平等权利修正案运动档案项目的记录管理（1981—1985）"开始，然后是按日期编排，从 1970 年开始，以系列四"平等权利修正案废除（1982—

1984)"和系列五"视听材料(1978—1982)"结束。与社区活动家本杰明·费尔德曼有关的资料(materials relating to the community activist Benjamin Feldman)收录在天普大学塞缪尔·L. 佩利图书馆城市档案馆(Samuel L. Paley Library Urban Archives, Temple University)。专门的社区活动家的档案分为 12 个系列：通信、财务报告、演讲、消费者团体、团体法律、费城消费者服务合作公司、韦弗之路合作协会(Weaver's Way Cooperative Association)、消费者教育、政府机构、组织、出版物以及其他。

档案馆阅览室协议。档案馆的阅览室是为注册用户，包括来访问的研究者而保留的。许多藏品是罕见的或独一无二的，读者应该小心对待所有的材料。遵守档案馆协议是相当直接的，可以防止与档案馆管理之间可能产生的误解和冲突。

78 所有要求查阅档案或手稿馆藏的研究者必须填写并签署一份指定的申请表。访问权限要根据具体情况授予，而且受到联邦和州法律、图书馆自身的管理规定、赠予和遗赠协议以及保存标准的限制。一旦被同意访问的话，研究者只能在指定的图书馆"阅览室"区域查阅档案和手稿材料。研究者必须遵守阅览室使用珍本、档案和手稿材料的规定。为了避免丢失或损坏，大多数阅览室要求使用人员遵守某些共同指南：

- 手机、寻呼机和其他通信设备必须静音。

- 不允许带进阅览室的物品包括：食物和饮料、耳机、音乐播放器、录音设备、公文包、背包、手提包、电脑箱、外套和帽子。个人物品的免费储物柜通常由档案馆提供,放置在工作区域内或离工作区域很近的地方。除了图书证、储物柜钥匙以及允许携带的物品以外,所有的个人物品均应存放在储物柜内。

● 只有研究所需的材料才能带进阅览室,包括：图书馆的资料、笔记本电脑、书籍和数码相机。在进入阅览室之前和离开阅览室时,所有这些都要接受检查。

● 书籍、手稿和档案文献只能在阅览室里使用。

● 所有的书面笔记都要用笔写在纸上(通常由档案馆提供),或者记在笔记本电脑或其他电脑设备上。禁止标记、擦除或更改档案材料。

● 允许研究者在阅览室选择性地复制或成像(如摄影或扫描)材料。

● 所有材料必须始终保持在桌面上。研究者可能会被要求将书籍和装订好的手稿放在书架或支架上,用重物把书撑开,或者戴上防护手套。阅览室的工作人员会通知研究者是否以及何时需要这样做。

● 手稿和档案材料每次都是一盒或一文件夹交付给研究者。

79

● 在任何时候,都只能从一个档案盒里拿出一个文件夹。在阅读并记录下该文件夹的内容后,记录下该文件盒和文件夹号码以便今后参考,研究者应该在取下一个文件夹之前将该文件夹放回原来的位置。

● 未装订的材料(书信文件集放在文件夹里,文件夹放在档案盒里)的顺序排列必须保持与交付时的顺序完全相同。

● 与档案盒不同的是,装订好的书籍或印刷本一次可以交付一本以上。但是,根据它们的大小和状况,阅览室的工作人员可能会限制书籍的流通数量。

● 阅览室的所有物品必须在其关闭时归还。大多数档案馆会为研究者提供短期持有条款。

例如,由于史密森学会的美国国家历史博物馆档案中心(Archives Center, National Museum of American History, Smithsonian Institution)进行了为期两年的翻修,对档案中心设施的使用和研究时间进行了临时调整;所有非史密森学会的研究者都必须亲自到档案中心,史密森学会的研究者必须打电话或写信,才可预约并咨询馆藏专家。到达档案中心,在登记并将非必需物品放入储物柜后,研究者必须阅读并同意遵守档案中心的规则和程序,并观看一段介绍馆藏并演示基本操作技巧的短视频。研究者必须使用一个卷盒登记表来索取材料。韦恩州立大学(Wayne State University)的沃尔特·P. 鲁瑟图书馆馆藏(collections of the Walter P. Reuther Library)对任何从事重要研究的人开放;建议计划参观的研究者事先与"参考书目档案管理员"联系。研究者在阅览室或在几个视听阅览室中的一个进行研究;一些研究也可能由工作人员进行。馆藏材料可由工作人员进行影印,但要受到限制,并需要付费。

二手资料。二手资料是那些既没有参与也没有观察其描述的   80
历史事件的个人书面记录或报告。这些都是开展社会工作史、社
会福利史以及社会科学史研究的良好基础。事实上,在深入研究
未发表的档案或其他原始资料之前,相关的二手资料可能是熟悉
历史情况的最佳所在。二手资料通常试图去描述、解释或调查原
始资料,并可作为引出有利的或引起争议的批评的跳板。二手资
料也可能会分析或重述部分原始资料,但写作者的意图通常是重
新解释原始论点,或以一种新的方式重新排列历史证据。在阅读
某个材料时,人们应该寻找核心论点或其假设的结构,以便理解它
如何进一步形成一个完整的作品。在确定了假设之后,问一问作
者是如何论证这项新研究的。这种对二手作品开展的批判性评估
有助于阐明一项有计划的研究是如何建立在某一历史问题的基础
上或挑战一个历史问题的。

二手资料包括词典、纪录片、百科全书、教科书、讣闻、传记词
典、书目,以及解释或评论研究作品的书籍和文章。二手资料既可
以是一般资料[《大英百科全书》(*Encyclopedia Britannica*)],也
可以是具体资料[贝尔(Bell)的《工业化和帝国主义传记词典
(1880—1914)》(*Biographical Dictionary of Industrialization
and Imperialism*, *1880 - 1914*)]。这些作品非常实用,因为它们
使研究者对某一主题有了全面了解,并经常包含可用于进一步研
究的书目信息。

社会工作者最感兴趣的二手资料是其他研究者撰写的历史和思想史作品。然而，如果它们中的一些信息是独一无二的，则可将其解释为原始资料。例如，芭芭拉·科普勒（Barbara Kopple）的《美国哈伦县》（*Harlan County, USA*）等电影纪录片收集了大量的记录性材料，如报纸报道、审判记录以及与历史事件相关的法律报告。

81 　　个别历史人物的传记不只是按时间顺序编制的客观事实的目录，如出生、教育、工作、人际交往和死亡。为了写出一本好传记，写作者使用各种原始资料（如信件、日记、报纸报道、照片和官方记录）来构建一个叙事性的故事，其中既包括众所周知的和晦涩难懂的事实，也包括揭示人物性格的轶事。一个学术性的二手资料是描述性的，但往往有丰富的解释，它吸收了现有的二手文献，并恰当地处理了与其论点和论据之间的关系。

　　例如，罗曼诺夫斯基（Romanofsky）的《格林伍德美国机构百科全书：社会服务组织》（*Greenwood Encyclopedia of American Institutions: Social Service Organizations*）中包含关于社会服务领域中许多国家组织的历史短文。沃尔特·特拉特纳（Walter Trattner）出版了《美国社会福利传记词典》（*Biographical Dictionary of Social Welfare*），其中收录了一些美国社会工作领导者的传记文章，以及《美国社会福利：一个带注释的参考文献》（*Social Welfare in America: An Annotated Bibliography*），其中列出了广泛的有关社会福利史的原始资料。

另一个有价值的资源是完整的《全国社会福利会议及其前身的会议记录(1874—1982)》[*Proceedings of the National Conference on Social Welfare and Its Predecessors (1874‑1982)*],现在可以在http://quod.lib.umich.edu/n/ncosw 上查阅。100 多年来,全国社会福利会议一直是社会工作专业的主要会议。密歇根大学图书馆在明尼苏达大学的协助下开展了一个"在线会议记录"项目,这使一种新的学术形式在社会工作和社会福利史方面成为可能。

广播媒体。电视和无线电台节目通常被定义为二手资料,但广播作为档案的原始资料正在被谨慎地接受。它们不容易符合历史证据信度和效度的既定标准,因为新闻报道通常带有党派色彩。人们不得不去思考《纽约时报》收尾语的主观性质:"所有适合印刷的新闻。"究竟是谁决定了什么是"适合印刷"的及其原因。然而,大多数媒体作为档案材料"具有丰富的历史和潜力",唐纳德·戈弗雷(Donald Godfrey)说,即使它们的设计着眼于商业和娱乐收视率,而且充满戏剧性事件、奇闻轶事和"可疑的历史信息"(Godfrey,2002,p.501)。换句话说,人们应该像去处理任何其他原始资料一样去着手处理广播节目,注意通过跟踪和记录信息来验证事实,而且确立信息传递的背景。现在的挑战是去确定一个新闻报道是原始资料还是二手资料,博尔曼(Bormann,1969,p.173)提出了一个有用的区分方法:"当一个记者写他或她个人观察到的东西,无论是印刷出来的,还是广播播出来的,该报道都是原始资料。"但是,当记者从参与者或"知情的观察者或与政府

82

关系密切的消息来源和'未披露的'消息来源"取材时,那么该报道就是二手资料。

例如,加利福尼亚大学伯克利分校的 Hoh-Kun Yuen 馆藏 (Hoh-Kun Yuen Collection at the University of California, Berkeley)包含来自太平洋网络和社区无线电台录制的节目,包括纪录片、访谈和现场直播。这些内容大部分是独一无二的,没有在其他地方保存。

芝加哥的广播通信博物馆(Museum of Broadcast Communications)保存了超过 8.5 万小时的记录美国人经历的历史和当代无线电台和电视内容。

阿瑟·拉姆齐(Arthur Ramsay)是 20 世纪 30 年代俄克拉何马市的一名新闻短片摄影师,他拍摄的录像现在收藏在俄克拉何马历史学会(Oklahoma Historical Society),其中包括俄克拉何马历史上的事件和人物的场景,其中很多是有声的。国会图书馆对公共广播服务(Public Broadcasting Service)、国家教育电视台(National Educational Television)和国家广播公司(National Broadcasting Company,简称 NBC)的许多电视节目进行了存档,馆藏中的所有活动影像资料都可以免费让那些从事特定研究工作的人观看,从而获得公开的作品。

非传统资料

有时,研究者最大胆的举动是在将设计失效的风险降到最低

表 4.1　比较同一主题的原始资料和二手资料　　　83

主 题	原 始 资 料	二 手 资 料
移民	在明尼苏达大学社会福利历史档案馆（Social Welfare History Archives, University of Minnesota）馆藏的美国移民和归化局的记录（1919—1926）(Records of the United States Immigration and Naturalization Service, 1919 – 1926)。1919—1920 年, 帕尔默突袭期间对外国人的驱逐; 卡洛·特雷斯卡（Carlo Tresca）和其他激进主义者、无政府主义者以及共产主义者的案例。	《新明尼苏达人：移民和难民的故事》[*The New Minnesotans: Stories of Immigrants and Refugees*, by Gregg Aamot (Syren, 2006).]
奴隶制	杜克大学奴隶书信、珍本、手稿和特藏图书馆（Slave Letters, Rare Book, Manuscript and Special Collections Library, Duke University）。美国被奴役的人写的罕见的原始信件。	《审判中的奴隶制：法律、废奴主义与印刷文化》[*Slavery on Trial: Law, Abolitionism, and Print Culture*, by Jeannine Marie DeLombard (University of North Carolina Press, 2007).]
睦邻之家	简·亚当斯回忆录：《赫尔之家二十年》(*Twenty Years at Hull House*)。	与简·亚当斯有关的书籍
美洲印第安人	新墨西哥大学西南部研究中心收藏的阿拉莫纳瓦霍人口述史项目（1977—1984）(Alamo Navajo Oral History Project, 1977 – 1984, Center for Southwest Research, University of New Mexico)。对新墨西哥州保留地的人们的访谈, 讨论了纳瓦霍人的亲属关系模式、日常生活方式、历史和文化。	《美洲印第安人历史再思考》[*Rethinking American Indian History*, edited by Donald Fixico (University of New Mexico Press, 1997).]

主题	原　始　资　料	二　手　资　料
心理健康	奥斯卡·迪耶特尔姆图书馆精神病学历史研究机构（Oskar Diethelm Library, Institute for the History of Psychiatry）。《我在疯人院的经历，一个神志清醒的病人所写》（My Experiences in a Lunatic Asylum, by a Sane Patient, 1879）是对 19 世纪精神病院的第一手描述。	《看见疯子》[*Seeing the Insane*, by Sander Gilman (University of Nebraska Press, 1996).]
儿童福利	明尼苏达大学图书馆社会福利历史档案馆（University of Minnesota Libraries, Social Welfare History Archives）。美国儿童福利联盟的书信文件集（1900—2003）（Child Welfare League of America Papers, 1900‑2003）。	《消失的女孩：在罗伊诉韦德案之前的几十年里把孩子交给别人收养的妇女的隐秘历史》[*The Girls Who Went Away: The Hidden History of Women Who Surrendered Children for Adoption in the Decades Before Roe v. Wade*, by Ann Fessler (Penguin, 2006).]

的同时，想出如何在历史研究中纳入真实的人类叙事。一项好的研究不仅需要想象力，也需要洞察力，因此研究者对研究主题的意气相投能使他们的学识更加丰富。社会工作必须听到所有的声音，这包括目击者的证明或回忆、个人和/或团体记忆、音乐和歌曲、影片、照片和录像——广泛地说是口述史。一些口述史的访谈作为原始资料也许是令人怀疑的，其信息的真实性应该始终与其他书面证据相印证。然而，它们为历史档案增添了活力与文化

内涵。

口述史。这一部分为大家提供了一个进行口述史研究的分步大纲：确定受访者候选人，记录如何选择受访者，排序，以及制订一个接触受访者和开展访谈的计划。

每个人都有一个故事要讲，但没有一个研究者可以采访所有人。正如所有研究者都知道（或很快了解到）的那样，在社会科学中时间和资源非常有限。因此，在投入时间和资源进行访谈之前，研究者必须评估每一次访谈对研究的重要性和有用性。

做口述史意味着通过询问人们已经在资料采集工具中设计好的问题来收集资料。这些问题已经以合乎逻辑的方式被组织起来了，要么是按时间顺序组织起来的，要么是按主题组织起来的。为了建立共识，研究者从对受访者的一些直截了当的问题开始，比如他们的家庭、出生时间和地点、童年、学校教育以及青少年时期。按照时间顺序，询问关于成年早期的问题——离开原生家庭、接受教育、服兵役以及就业情况。他们最美好的和最糟糕的记忆是什么？他们的家庭是如何应对某些挑战的？这有助于研究对象将自己置于故事之中。

访谈的过程是无法预测的。参与者的性格、要讨论的材料，甚至访谈的地点都会影响访谈的过程。在访谈中做笔记非常有用，尽管这常常被研究者忽视。访谈笔记可能是唯一的信息来源，例如，如果录音机坏了的话。快速摘要性的笔记在访谈期间（对后续问题)和之后(组织自己的想法并指出哪些关键词或项目需要验证)同样有用。

● 决定谁会接受访谈,由谁来访谈,在哪里访谈。根据研究目标来选择预期的受访者,要记住,在一般情况下,受访者的范围越广,研究就越有效。仅仅进行大量的访谈就会花费大量的时间,因此,虽然自己进行所有的访谈可以提高访谈结果的信度(和自己的学习能力),但利用其他准备充分的访谈者或合作访谈团队可以节省时间和成本。要考虑访谈将在受访者家中开展还是在公共场所开展。一些受访者感觉在家中更舒适,而另一些受访者则可能更喜欢中性空间或学术环境。虽然熟悉的环境会让人回忆起过去,但访谈的问题也会让人回想起不愉快的过去,这可能会把访谈的过程变成一种恼人的审查,或者是一种自恋的展示形式。此外,如果受访者是未成年人,请注意州和当地法律可能要求访谈要在指定区域和监督下进行。

● 要留出足够的时间为录音采访做准备。访谈者准备不足会导致低质量的访谈。从访谈中获得的信息的质量与研究者对该主题背景知识的掌握从整体上来看是相关的。认真估计访谈和处理录音带所需的时间。要考虑到意外情况,为可能出现的延迟事项先安排出一些时间。

● 可以用简单的"是"或"否"回答的问题,在确认一个具体的观点时会很方便,但在这些问题之后应提出更广泛的问题,从而得到更广泛的答案。不要问"你上过埃默森·考特高中(Emerson Court High School)吗?"而要问"你的高中是什么样的?"答案中会出现学校的名字的。开放式问题与诱导性问题不同。诱导性问题可以微妙地指出研究者认为正确的答案,并可能促使受访者作出相应的回答。一个诱导性问题的例子是"你是否支持预算平衡修正案,以结束政府中的浪费和欺诈?",而不是"你对预算平衡修正案有何看法?"

● 一次问一个问题,而且对每一个问题都要得到一个详 86 尽的答案。例如,在"我想 X 会发生"这样的陈述后面应该追问一些问题,以确定为什么受访者当时的假设是这样的。同样,例如,"我们总是对 Y 有问题"这样的笼统陈述之后应该需要有一个具体的例子。此外,在访谈期间,要将提到的人名、地名、外来词以及其他可能需要检查拼写的单词略记下来。尽量不要打断受访者的思路,稍后再问清楚。

● 要密切关注受访者所说的话,不要将倾听这项工作交给录音机。有效的访谈是预设问题与自由对话的结合,是带有情感和主观意见的开放性问题和具体问题的结合。将"机构主任是谁?"这样的具体问题与诸如"机构的氛围如何?"这样更深入的开放式问题结合起来,将会得到比提供其中任何一个问题更丰富的答案。直接的问题可以帮助受访者聚焦他们的答案。使用具体的参考框架,例如,"在开车去医院的路上";这为受访者提供了一个可以围绕它来组织回答的起点。

试着按时间去排列那些事件,并要询问一个事件发生时与另一个事件之间的关联是什么。

● 不要匆忙完成访谈。当受访者可能正在追忆、选择披露什么信息,或是在平衡隐私的需要与透露信息的愿望时,可以允许有一个沉默期。停顿可能表明,受访者正在思考或正在试图将更深入的答案用语言来表达出来,如果研究者太快进行下一个问题的话,可能会丢失新的信息。记住,受访者已经同意接受访谈,那么就是将研究者纳入一个享有特权的信息圈子。

● 记忆会随着时间的推移而改变,并受到影响。口述史学家的任务有两方面:确定受访者陈述的准确性(例如,通过询问可以由其他来源来证实的问题),以及将访谈聚焦于不容易受时间影响的话题上。虽然受访者可能记不住事件的具体时间或日期,但关于事件本身的某些细节将永远铭刻在受访者的记忆中。

● 没有覆盖到所有的访谈计划是一个常见的经历。要把注意力集中在所问问题的可靠答案上。要保持积极回应、鼓励和恭敬的态度。过多的具体问题而没有足够的开放式问题,或者太快地跳到下一个问题,都会让受访者和研究者感到沮丧。此外,要避开马拉松式的访谈:没有持续 2 个小时以上而不让研究者或受访者感到疲劳的访谈。休息一下。

● 贴标签和存档是访谈后的任务。直到访谈资料被其他

87

历史学家获取和分析,研究者的工作才算完成。因此,访谈一结束,就必须给盒式磁带和数字存储媒体贴上标签。列出访谈者和受访者的姓名、日期、访谈地点和研究者的类别。接下来,备份所有数字记录的访谈,无论是在 CD 或 DVD 上,还是在一个单独的硬盘上。特别注意,如果访谈是用几个盒式磁带或 CD 录制的,请在标签上注明"第 1 个,共 2 个"或"1/2",以确定这是两部分访谈中的第一部分。用软头笔给 CD 和 DVD 写标签。如果访谈被录音在盒式磁带上,请按下每个盒式磁带顶部的两个标签,以防止通过重新录制而意外删除访谈录音。要将访谈记录和访谈笔记一起存放在一个安全的明确指定的地方。

例如,馆藏在国会图书馆手稿部的住房领域的先驱:口述史项目(1981—1996)(Pioneers in Housing：An Oral History Project, 1981‐1996),涉及公共住房和社区规划;该馆藏包括对住房和城市发展部(Department of Housing and Urban Development)及其前身的官员、住房和家庭金融机构(Housing and Home Finance Agency)的官员、城市研究教育工作者以及社区开发商的访谈。

杜克大学珍本、手稿和特藏图书馆(Rare Book，Manuscript and Special Collections Library)馆藏的面纱的背后:记载非裔美国人生活的吉姆·克罗南方记录(1890—1997)(Behind the Veil：Documenting African American Life in the Jim Crow South Records，1890‐1997),其中收录了美国南方合法种族隔离时期非

88　裔美国人生活的口述史，主要包括对非裔美国老人的访谈及其家庭照片，这些记载了在非裔美国人社区生活中发挥重要作用的非裔美国人教堂、兄弟会、妇女俱乐部和政治组织，20 世纪 60 年代的民权斗争，非裔美国人对当地社区废除种族隔离制度的参与，以及 1965 年后的社区行动主义。

　　罗斯福大学图书馆新政研究中心馆藏的艾伯特·勒帕斯基的书信文件集(Albert Lepawsky Papers)中包含对近 150 名新政人物的访谈摘要，关于新政的当代杂志和出版物、乐谱，以及未发表的研究。

资料分析

　　一旦对资料进行检索和思考,就应该对它们进行筛选以得出调查结果和结论,将调查从已知推进到未知,并形成一个逻辑紧密的、经得起学术批评考验的叙事了。这往往是工作中最令人兴奋的部分。将真实的原始材料加工成一部有意义的、清晰的历史著作,本身就非常有价值。这正是研究者宣称研究的价值,对研究信度和效度负责,并接受回答历史问题的挑战的地方。这可能还需要进行多次修改。正如美国诗人、评论家多萝西·帕克(Dorothy Parker)所评论的那样,"我不能写出五个单词,但我可以变换七个"。

　　虽然社会科学和行为科学的标准研究明确区分了资料收集和资料分析,但对历史研究者来说,这种区分可能会让他们感到更加尴尬。一方面研究者的价值观和预设会影响资料的收集方式,另一方面人们可能会问:从像历史记录这样复杂的资料中得出的推论会多有效? 向口述史受访者提问的方式会影响他们与我们分享信息的程度和质量。

90   对历史资料的分析实际上是对可得材料的一种解释或重新解释。在历史研究中,研究者并不开发新的资料,而是根据一个新的假设重新整理现有的资料。在《福里斯特·布兰查德·华盛顿及其在新政中对非裔美国人的拥护》(*Forrester Blanchard Washington and His Advocacy for African Americans in the New Deal*)中,弗雷德丽卡·巴罗(Frederica Barrow)通过福里斯特·布兰查德·华盛顿(Forrest Blanchard Washington)的形象重新审视了罗斯福政府新政的历史(Barrow,2007)。F. B. 华盛顿是一位 20 世纪 30 年代在联邦立法政策和基层组织中有影响力的非裔美国人社会工作者。巴罗在档案研究中使用的后殖民主义史学方法使她超越了新政中关于社会福利公平的传统说辞。通过公开 F. B. 华盛顿批判非裔美国人不平等待遇的文献,巴罗让霍普金斯不再理想化,并从一个迄今被边缘化的社会工作先驱的视角,为政府提供了一个新的、有价值的视角。

一如既往,研究假设是分析的核心。假设是研究者着手处理收集到的文献、物品、数字和访谈的主要依据。它是一部历史著作深思熟虑的中心论点,是经过反复评估的。在写作的时候,一遍又一遍地问:"这与我的假设有关吗? 我是否运用了这些证据来确定因果关系? 我的论点构建得有多清楚? 假设是如何被纳入资料收集工具的? 这个推理有效吗? 证据把假设与结论联系起来了吗? 我是否充分地解释了前提、假设和价值观?"这些问题可能具有挑战性,但试图确定答案将会推动对问题的分析。

组织资料

按时间顺序排列和按主题组织

第一次书写历史的社会工作者可能会很深入地参与到研究中,以至于他们有时会错误地认为读者会回想起在故事早期呈现的每一个细节,而且渴望了解更多。他们没有意识到的是,这种热情必须被创造出来,而且他们选择的将资料纳入一个有序的叙事中的方法将对读者产生巨大的影响。

首先要做的决定是按时间顺序来组织研究,还是按主题来组织研究。按时间顺序组织叙事意味着把最早的事件放在最前面,把最近的事件放在最后。彼得·盖伊(Peter Gay)在 1988 年出版的权威传记——《西格蒙德·弗洛伊德传记》——从弗洛伊德 1856 年出生开始写起,到他 1939 年去世结束。相比之下,简·亚当斯选择按主题组织她的回忆录(Addams,1910,p.6)。她解释了原因:"不幸的是,我必须放弃按时间顺序而选择按主题组织资料,因为早年我在赫尔之家期间,时间似乎为某些活动提供了主要框架,但在写这本书时,我发现,当这些活动被记录下来后,我几乎想不起来这个框架了。"

对比和比较

不同的人会以不同的方式记住和书写同一个事件,从证据中创造新的故事。比较同一事件的几个版本,然后对比选定的某些变量,让研究者梳理出共同的要素或特征。为了准确再现历史事件,需要权衡几位写作者对事件的描述及其解释。而且,由于历史

91

学家之间或与其他学科的学者之间无休止地进行着更大的、有时是神秘的争论,因此开展一项"对比和比较"研究对相互对立的解释提出异议是完全公平合理的。

案例研究

就像心理传记,甚至临床案例研究一样,历史案例研究通常将按时间顺序排列的历史与来自特定时间和地点的回忆录或信件结合起来。案例研究探索了一些引人注目的小步骤(例如,不容忍的事例而不是大规模的暴力),这些步骤可以帮助我们通过将过去的复杂情况与今天的生活联系起来,从而把握过去的复杂性。人们可以看到,一个历史事件是如何取决于个性和机会的奇特细节,而不仅仅是深思熟虑的方法。根据定义,案例研究是深入的,因此仅仅一个案例往往就足以改变预定的刻板印象。

"现在我们有机会向他们展示我们的实力——我们是真正的男人,而不是他们希望我们相信的长大的孩子,"1914 年布鲁斯·巴顿(Bruce Barton)慷慨陈词。在埃迪斯·罗斯(Edythe Ross)关于亚特兰大非裔美国人"在设计多种形式的社会干预以促进该群体的社会福利方面发挥了先锋作用"(Ross,1976,p.298,p.306)的经典叙述中,他的这番话是许多感人的信件和演讲内容之一。为了消除白人和非裔美国人社会福利的霸权主义叙事,E. 罗斯借鉴了当地 19 世纪的一系列文献,这些文献来自自由民局(Freedmen's Bureau)和佐治亚州议会(Georgia state legislature)的成员、E. R. 卡特(E. R. Carter)1894 年的《非裔美国人一边》(*The Black Side*)和 W. E. B. 杜波依斯(W. E. B. Du Bois)的学术研究,展示了"城市作为非裔美国人思想和非裔美国人进步中心的卓越地位"。各种形式的互助、儿童保育和福利服务、就业局、"死亡率比白人低三分之一"的健康中心(Ross,1976,p.302)、健身房和教堂"有必要去回顾一下,以打破非裔美国人对自己无所作为的神话"(Ross,1976,p.307)。

定量研究

"我如何爱你?让我来数数爱你的方式吧。"如果伊丽莎白·巴雷特·布朗宁(Elizabeth Barrett Browning)能列举出 19 世纪她爱丈夫的方式,那么今天的历史写作者肯定也可以同样成功地使用量化方法。西蒙顿是量化研究的权威,他非常热衷方法论,以至于他预测"未来对历史资料的分析最终可能完全是定量的"(Simonton,2006,p.638)。也许,即使不是未来所有的历史研究都是基于定量的,当然大多数研究中也应该包括对复杂数字的使用。大多数的定量历史分析是对历史资料采用一整套的测量策略和技术。一旦被编码和量化,具体的变量就能适用于"正如我们在标准的相关研究中看到的相同的分析工具", 93 西蒙顿写道(Simonton,2006,p.620)。"这些工具包括因素分析、聚类分析、多维排列、多元回归、结构方程模型和数学模型。"我们可以加上频次分布、人均估值和重要的比率。撰写经济政策历史研究报告的社会工作者可能希望使用诸如劳动力规模、失业率、人均收入和财富分配等经济变量。对生命历程和代际行为的纵向研究将着眼于人口统计学比率（出生率、死亡率、结婚率和移民率）。

鉴于统计信息当前及日益增强的吸引力、对社会群体的兴趣以及对国际和地区比较的敏感性，将美国人口普查数据作为历史调查证据来源的理由已经很充分了。学者们倾向相信这些资料，因为我们知道谁收集了这些资料、为什么要收集这些资料，以及哪些科学家仔细研究了这些大型数据库以寻求其内部的一致性。与大多数历史资料相比，可用信息的广泛性和丰富性是这些资料的绝对优势。然而，要注意，当检测人口普查数据的内部一致性时，它"也许会显露出某种类型的误报或误判性错误，"（Steckel，1991，p.590）经济学家理查德·斯特克尔（Richard Steckel）说，"穷人、无技能的人、少数族裔、刚刚来到大城市的居民以及边疆地区的居民很可能没有被算到里面"（Steckel，1991，p.581）。如果社会工作者发现最不可靠的定量信息是关于我们的研究应该是为了特定人口而促进社会和经济公正，也不必感到惊讶。导致漏报和误报的挑战包括对保密的恐惧（特别是在移民群体中）、无法进入的居住地（如无家可归者），以及缺乏识字能力。

对证据的批判性评估

无论一个人的访谈多么全面，他的论点多么有说服力，历史证据都可能会缺失、失之偏颇或缺乏代表性。人类的记忆有多可靠？

一个特定的叙述有多有效？几乎所有记录下来的事实都依赖个别 94
转录者的判断，不能简单地进行统计核实。大部分历史资料是定
性的，而且残缺不全，因而在信度上各不相同。虽然历史论题的范
围实际上是无穷无尽的，但很可能存在更多的问题我们没有记录
下来，因此没有提出解决这些问题的办法。为了产生尽可能精确
的历史分析，研究者应该将研究策略、检查目击者的描述，以及从
这些记录中产生的二手版本的资料结合起来。混合方法和途径的
另一个优点是减少了系统偏差和有问题的假设。即使对"持怀疑
态度的定性历史学家"来说，吉东·科恩（Gidon Cohen）说："缺失
资料、存在偏见以及缺乏代表性样本这些问题不应该阻止定量分
析。定性和定量方法可以有效地结合起来，这可能会为研究开辟
一个新的范围。"（Cohen，2002，p.167）

首先思考研究的中心论点。在资料分析之后，读者能追踪论
点的逻辑吗？读者应该能回答以下问题：

- 历史问题是什么？

- 其蕴含的前提是什么？

- 假设是什么？

- 写作者提出哪些观点来证实或否定这个假设？

- 写作者的假定是什么？它们是否得到解决？

研究者应该通过选择假设的一个方面来挑战自己，并确定哪
些原始资料证据支持或挑战他们的论点。回到原始资料本身。它

是否证实了研究者的解释？

虽然档案管理员的任务之一是查明馆藏的来源，核实并证实

95 研究者将要使用的重要证据，但最终还是要由研究者负责去评估在研究中使用的资料来源的信度，包括其写作者身份、写作者的专业知识和可信度，以及文本本身的真实性（或讹误）。贾德、史密斯和基德尔（Judd，Smith，& Kidder，1991）容忍了对公共文件和大众传播的使用，因为它们有很强的外部效度，但他们警告要当心"某些解释性的、以内部和结构效度为中心的问题"。因此，"应在研究计划中纳入对替代性资料来源的检查和对资料模式的替代性解释"。研究者不应期望文献（或极少数）是完全可靠的。戈特沙尔克（Gottschalk，1969）概述了许多至今仍在使用的经典原则："对于一份文献的每一个特定部分，建立可信度的过程都应该分开进行，而不管写作者的总体可信度如何。"当挖掘一份文献以获取证据时，研究者会对每一份文献分别进行衡量，以评估写作者的可信度，并防止出现虚假证据。

档案管理员可能已经做了以下工作，但研究者将会发现，重复（或至少确认）这些工作会加强他们的分析，而且能帮助他们将文献证据与他们的假设联系起来。这七个问题最初由加拉根（Garraghan，1946，p.168）提出，至今仍用来分析资料来源的外部效度：

1. 书面的或非书面的资料来源是什么时候产生的（日期）？

2. 它是在哪里产生的（定位）？

3. 它是由谁制作的(写作者身份)?

4. 它为什么会产生(背景)?

5. 它是根据什么预先存在的材料制作的(分析)?

6. 它是以什么原始形式产生的(完整性)?

7. 它的内容的证据价值是什么(可信度)?

　　例如,在研究非裔美国人从南方到芝加哥的移民模式的过程中,研究者在美国国会图书馆仔细查阅了一件展品——"非裔美国人的摩西",发现了一封用墨水写在纸上的原始信件,这封信是佐治亚州梅肯市中街 309 号的 J. H. 亚当斯夫人写给伯利恒浸信会(Bethlehem Baptist Association)的,日期是 1918 年 4 月 2 日;信中还讨论了其他事情,其中包括"阅读《芝加哥卫报》(*Chicago Defender*)上关于你帮助他们保住了地位的文章"。这些资料回答了为评估外部效度而设计的七个问题。J. H. 亚当斯夫人的信件所附的档案管理员的笔记中写道:"《芝加哥卫报》在鼓励非裔美国人从南方迁徙到芝加哥方面取得了显著的成功,经常列出他们可以写信求助的教堂和其他组织的名称。结果,成千上万的潜在移民写信给非裔美国人教堂,例如,伊利诺伊州芝加哥的伯利恒浸信会,该会承担了帮助非裔美国人移民寻找住房和就业的任务,还帮助移民适应新的环境。"这些信息与从信件本身可以得到的信息是相匹配的。还可以独立地核实信件的写作者和日期,确认信件书写的外部环境是真实的。这样的调查有助于从研究者的视角来确定,核实该文献写作于何时何地,确定

96

97

证人是否能以观察者的身份来观察他们记录的事件——更好的是，这位证人提供的证据是否足够可信，并能够支持假设——这是一项了不起的成就。

鉴于我们的解释具有无限的主观性，因此批判地思考一项记录的本质内容变得更加重要。许多记录是以事先组合好的并有确定来源的馆藏形式交付给档案馆或图书馆；当然，国会图书馆是可靠研究来源的典范。今天，越来越多的记录被上传到档案馆的网站上。这种技术上的便利无疑使研究者更容易获得资料，但这并不意味着人们可以不用前往档案馆实地查阅文献。大多数与原始资料打交道的历史写作者（正如所有人都应该）反对这样一种观点，即优秀的研究者会心甘情愿地将自己排除在这种特别丰富的分析之外。另外，认真阅读文献也是一种享受。令人惊讶的是，人们常常会发现一些意想不到的事情：也许在打印出来的信件边缘有一张手写的潦草的便条，或者一张旧照片被夹在了文献中，这些被认为不值得扫描到网站上，却被证明对研究工作很重要。下面四个问题将帮助研究者了解如何将阅读和解释文献内部内容的过程转化为可靠的分析资料：

1. 文献的字面意思是什么？

2. 一个特定的偏见或成见证实——还是否定——写作者的论点？

3. 能确定写作者结论的可信度吗？

4. 确凿的证据对理解文献至关重要吗？

让我们回到 J. H. 亚当斯夫人写给伯利恒浸信会的信,这封信的字面意思在于它清楚地传达了南方艰苦的生活条件,也传达了她对现有援助的了解程度。J. H. 亚当斯有偏见吗?当然有,其他人也一样。但我们需要问的是这个偏见是否能证实她的论点。在 J. H. 亚当斯的例子中确实如此,因为她就生活在她报告的条件下。通过对日期的核实,可以确定 J. H. 亚当斯指的是她在 20 世纪初的佐治亚州所处的受压迫的环境。由于她在梅肯(Macon),因此她能报告这个城市的情况,而研究者对美国历史的普遍了解可以证实:佐治亚州以比美国许多其他地区采取更多的方式迫使非裔美国人过着种族隔离的贫困生活。这是证实信中故事的证据。证据还表明,历史问题不在于这样的评价是否合理——史学中充斥着各种偏见,每一种偏见都需要强有力的回应——而在于 J. H. 亚当斯夫人的信在多大程度上符合历史现实。

分析口述史资料

当研究者在今天的口述史馆藏中听磁带或读抄本时,历史是以一种迷人的方式出现的。但是,对一项研究来说,仅凭材料是不够的;研究者需要去调查访谈内容的信度和效度。

口述史的信度在于个人或群体在不同场合对同一事件重复讲述的一致性;如果两个说法不同,叙述者在多大程度上意识到两者的不同?起初看起来十分可信的受访者可能是完全不可靠的。他 99

们的解释和回忆有多准确？受访者有时会"改写"历史,在与访谈者见面后,在不知不觉中就改变了故事,对自己或历史事件进行了更好(或更糟)的描述,而不是准确的描述。由于记忆的不准确,口述史像其他历史资料,甚至像在档案馆里找到的文献一样,必须接受针对其准确性进行的评估和判断。

访谈者自己经常无意中影响访谈的过程。访谈者是指定的说服者和理论家,有时会让受访者说出他们认为访谈者想听的话。当访谈者在等待发言时,无声的点头、偶尔的反对或无奈的微笑都可能不经意改变或增加记忆的暗示。即使访谈者是在记录另一个人的经历,但他创造的是一个"共享的权威"(Frisch,1990)。访谈是一种互动的对话,双方都对记录的内容有所贡献。

因此,效度是指口述报告与原始资料材料(如文件、日记、信件或其他口述报告)中的资料之间的一致性。在进行访谈后,研究者应该设法找到可用的官方记录来证实或证伪受访者所讲的故事。其他对效度的检验方式包括比较证人(核实从其他证人那里获得的信息,也许是相互矛盾的),以及确定观察的时间和地点(证人和事件的接近程度),因为正如戈特沙尔克所写的(Gottschalk,1969,pp.150‑155),"制作所记录事件的文献的时间离事件本身越近,就越有可能接近历史目的"。

在未来的几年,可能会发现,对社会工作史写作者施加压力,并要求他们将口述史与档案研究结合起来的最重要的群体可能不是口述史学家自己,而是寻求叙事学和叙事学研究新知识领域的精神分析学家和后现代主义者群体。叙事学源于 20 世纪六七十年代法国的结构主义思想,它明确关注叙事结构的内部成分(词、意象、声音),以及这些部分之间的关系是如何赋予叙事文本以意义的。这个过程往往丰富了对口述史资料的解释:从某个层面来看,研究者从故事中挑选了主要的历史证据,但在更深的层面上,他们还探索了叙述者的身份和社会地位、叙述者自身的历史意识,以及或许是叙述者在讲述或重述故事时的潜意识意图。

100

分析定量数据

定量历史数据的分析引发了对其效度和信度的激烈争论。量化最适合人口普查数据、投票记录或资格记录等材料。定量方法的有效性被批评与其说是因为它做了什么,不如说是因为它遗漏了什么:它忽略了具有历史意义的数据,仅仅是因为它们不容易采取定量形式,而且过于重视那些碰巧容易量化的因素(Heckathorn,1983)。数字、表格和图的吸引力使得这种方法的局限性很容易被掩盖。特别是当它偏离已有可计数数据的区域太远时,它就变得不那么可靠了。换句话说,以表格的形式来呈现医院的入院记录是很好的,因为这些数据从一开始时就是以数字的形式被记录下来的。但是,如果试图对病人的叙述做同样的事情,将会有不可靠的信度和效度。

由于定量数据通常有各种来源,因此其统计分析可能存在问题。许多原始资料来源从来没有想过要统一,甚至可以比较:例如,几乎没有个人的信件是相同的。但是,即使对信件来说,量化也不必如此神秘。一旦研究者确定了变量,资料采集工具就会以各种形式将它们输入可以进行分类或形成表格的单元格。简单的描述统计,如计数和百分比,可以与基本的推理检验相结合,以形成一个有说服力的论点或支持(或证明)假设。

传统上,在历史研究中推断统计的使用已经与随机或其他概率样本结合起来了(Floud,1975,p.173)。然而,除了人口普查、美国劳工部的统计数据以及相对知名的精英群体的统计数据(其统计数据可能被汇总到社会登记册上)之外,我们无法获得完整的历史人口数据及其概率样本,因此很多数据是缺失的。幸运的是,像吉东·科恩这样富有想象力的调查者为我们提供了很好的建议。"在科学探究中,大量的工作投入到研发统计方法当中,以处理不可能进行概率抽样和无法进行实验的'观测'情况。"(Cohen,2002,p.170)吉东·科恩认为,分层、子类和便利抽样可以表示变量间的有趣关系。如今,大部分社会工作研究者精通 SPSS 的使用,将定量技术应用于定性资料正在变得习以为常。

发布资料许可

申请复制或出版档案材料的许可

获得档案和手稿材料复本的许可,并不一定意味着你获得复制或出版该材料的权利。在材料被引用、复制或出版过程中,由研究者负责从任何一个版权的持有人那里获得许可。图书馆仅以实物财产所有者的身份授予许可。因此,只有获得文学权利持有人和作为资料所有者的图书馆的共同许可,才能获得出版权。文学权利持有人可能是作者、作者的继承人或受让人、作者的文学执行人或其他指定的法定代表、图书馆本身、主办大学或政府机构。一些许可的获取需要使用费或特殊手续费。那些属于《美国版权法》合理使用(fair use)指南范围内的简短引用不需要图书馆的书面许可。

大多数图书馆要求研究者提交书面申请,以获得复制或出版图书馆中的珍本、手稿或档案材料的许可。如果获得出版许可,申请人须同意在他们出版物的引文、参考书目以及相关人员名单里注明手稿材料的出处。大部分图书馆要求申请人对此类使用承担全部和完全的责任,并就可能因使用或出版该机构持有的档案和手稿材料而侵犯文学权利、版权或其他权利的任何索赔、要求、成本或费用,为该机构进行辩护和赔偿。

复制或出版申请应该包括如下信息:

- 如果材料来自印刷的书籍,则应包括所需材料的作者姓名、标题、出版日期和地点、包括馆藏名称在内的完整的书号,以及页码或其他标识符。例如:*The Works of Horatio Walpole*, *Earl of Orford*, ed. Mary Berry (London, 1798, PR3757. W2A115 Rare), vol. 2, engraving of the Castle of Otranto.

102

● 如果图像来自档案照片文件,请提供完整的四部分图像标识。例如：Series II, American Meat Institute, Laboratory, No.1.

● 如果图像来自网站上的数字馆藏,请提供该馆藏的唯一图像 ID。例如：American Environmental Photographs, AEP－NYP7.

● 如果材料是来自手稿或档案馆藏中的文献,请描述其条目、其档案盒和文件夹的位置,以及该馆藏的名称。例如：Edith Jackson to Irmarita Putnam，letter of January 11，1932，Series 3，Box 5，Folder 102，Edith Banfield Jackson papers，Schlesinger Library，Radcliffe Center for Advanced Study，Harvard University.

申请还应该包括所需资料将要出现在上面的出版物(或其他媒体)的信息：

● 材料即将在其中发表的书籍或文章的作者和标题

● 期刊、图书出版社或制作公司(如果是影片或光盘)的名称

103

● 出版、演出、公开展示或广播的预计日期

● 图像是否会用作宣传资料,例如,海报或其他广告

● 如果是广播,节目将出现的网络或有线频道

● 如果是网站,标注网址和创建者的名称

- 如果是书，图像会出现的地方：护封、扉页或正文

- 如果是书或光盘，预计一次印刷的册数或复印的数量

- 如果是书或光盘，预计的零售价

- 在书中，语言、发行地区、版本数量和图像的印刷尺寸可能是相关的

版权及合理使用政策

根据美国法律，版权是一项由宪法规定的财产权，赋予原创作品作者/所有者复制版权作品、制作衍生作品、通过出售或其他所有权转让方式来发行副本、公开表演或展示版权作品，或授权上述任何一项专属权利。所有其他人都必须尊重作者对作品的所有权。然而，根据 1976 年的《美国版权法》，赋予版权所有者的权利要受到某种限制，被称为"合理使用"和"公共领域"，与研究和学术明显相关。被认为属于公共领域的作品是大部分美国政府文件和 75 年前出版的作品。但是，1978 年及之后创作的作品的版权保护年限为作者终生加 50 年，凡在 75 年前至 1977 年之间出版的作品，如果有版权声明，版权保护年限为自出版之日起 75 年。"合理使用"术语比较含糊，最安全的做法是取得出版许可或直接从版权持有人（即作者或作者的继承者）那里获得出版或引用资料的许可。本原则并没有指明实际的字数、行数或其他在未经许可的情况下可整体使用的元素；表格总是需要许可的。然而，常识表明，只要适当引用和参考，就可以从学术文章和二手资料（正如我在本

书中所做的那样)中引用句子。大多数原始资料属于版权准则的范畴。口述史被认为是原始资料;如果研究者记录了历史并保留了签名的发布形式,则该叙述就属于研究者。实物一般被认为是所有者的财产,发表物品的照片必须获得所有者的许可。

后续

伍尔夫在历史上发现了一项挑战。作为一个写作者,伍尔夫的主要目的是要表明,缺乏关于过去的信息不仅阻碍了人们批判性探究的精神,而且阻碍了批判性探究的变革效果。她努力让我们更深入地参与其中,体验历史,仿佛它不仅发生在遥远的他者身上,还发生在我们作为历史叙事的创造者身上。于是,她大胆地说:"我们相信的越多,知道的就越少。"

书写历史的方法至少为社会工作者和其他对改善个人和社会条件感兴趣的人提供了另外两点经验。首先,在研究领域,坚持不懈是有效的。要想找到一个社会问题的根源,一个方法是弄清楚它如何在一个社会中出现,以及它在哪里出现,但也要从那个社会自身的叙事中来寻找答案。乍一看,档案和口述史的研究似乎是侵入性的,就像翻阅亲戚私藏的情书一样,但它与其他研究人类和社会问题的方法绝不矛盾。相反,我们不能假设历史文献总是会讲出一个人或一个事件的"真相"。如果我们的目标是提高真实性的话,一个可靠的史学体系至少能做的是去消除我们讲真话时的幻想。这是一个很好的起点。

历史研究的表单和资源

表单：口述史研究中的样表

访谈协议样本（信笺抬头）

本人特此授权（名字）＿＿＿＿＿＿＿＿＿＿＿＿＿＿＿＿＿＿＿

使用我的口述史回忆录，这些回忆录是在以下日期录制的：

＿＿＿＿＿＿＿＿＿＿＿＿＿＿＿＿＿＿＿＿＿＿＿＿＿＿＿＿＿＿＿

＿＿＿＿＿＿＿＿＿＿＿＿＿＿＿＿＿＿＿＿＿＿＿＿＿＿＿＿＿＿＿

　　我知道，合格的学者将被允许听录音带，并将访谈内容用于他们的研究。此外，我希望允许合格的研究者在其研究或出版物中使用这些材料，或用于其他教育目的。

＿＿＿＿＿＿＿＿＿＿＿＿＿　　　　＿＿＿＿＿＿＿＿＿＿＿＿＿＿

受访者签名　　　　　　　　　　日期

地址＿＿＿＿＿＿＿＿＿＿＿＿＿＿＿＿

＿＿＿＿＿＿＿＿＿＿＿＿＿＿＿＿＿＿

电话号码＿＿＿＿＿＿＿＿＿＿＿＿＿＿

电子邮件地址＿＿＿＿＿＿＿＿＿＿＿＿

_____   _____

访谈员签名   日期

地址_____

_____

电话号码_____

电子邮件地址_____

_____

限制条件：

署名：_____

_____

访谈员清单 107

受访者： _____   **日期：** _____

_____ **录音机**

确保：

1. 录音机正在录音

2. 电池（如果必要）是新的

3. 电源线可用

4. 操作说明书可供使用

_____ **外接麦克风**（如有必要，请使用新电池）

_____ **电池**（如有必要）

　　　　　　　　　 备用一套新电池

_____ **录音或录像带**（如有必要）

　　　　　　　　　 备份集

_____ **延长线**（12 英尺）和双齿插座适配器

_____ **四份访谈协议／授权书**（一份给访谈对象，一份给

　　　　　　　　　 自己，如果需要的话，还需要两份备份）

_____ **研究笔记和问题集**

_____ **访谈前的问卷**（如果使用的话）

_____ **受访者和其他可能陪同人员的地址、电话号码和**

　　　　　　　　　 通讯副本（如有必要）

_____ **笔记本和笔**

寄给预期受访者的信件样本

你的地址和电子邮件地址

日期

收件人姓名及地址

亲爱的_____：

　　作为_____大学的博士研究生,我现在给您写信,希望我能借鉴您在_____历史中的经验和参与。我的学位论文是关于_____的历史论题,将会大大得益于对您的访谈。

　　[插入对该研究简短的描述]。

　　我的论文是在_____大学社会工作学院的指导下开展的,将会把档案研究与口述史结合起来。显然,您作为_____参与者的亲身经历的回忆,将会加强这项研究。我希望您能在方便的时候接受我一个小时左右的访谈。

　　我将在几天后打电话,确定见面的时间和地点。期待届时与您交谈,我是_____。

此致

受访者的跟进信样本 109

你的地址和电子邮件地址

日期

收信人姓名和地址

亲爱的_____：

再次感谢您分享了您在_____历史中的经历和参与。我的论文从对您的访谈中受益匪浅。

我现在想请您核实一下相关内容。您会发现随信附上了两份相同的打字访谈记录副本。请您从头到尾仔细阅读一遍，并在其中的一个副本上更正拼写、姓名、日期和任何您希望更改的内容。我将会把您的修正纳入我的论文终稿中。第二份副本由您自己保存。

当您完成后，请您给我打电话_____或发邮件。我将会亲自到您的家里或办公室里取回您修改好的文件，以您最方便的地点为准。请不要通过邮件传递任何原始材料。

再次感谢您的慷慨，我是_____。

此致

110 **资源：社会工作档案和特藏**

以下目录是按档案馆名称的英文首字母顺序排列的。每个目录都包含档案馆名称、地址、联系方式、网址、档案馆藏的名称和内容，以及研究可用性的授权；这些资料在本书出版时是最新的，但可能会有变化。这不是一个全面的清单，但它将让您了解美国可用原始资料的广度和深度。

美国医学协会/档案部（American Medical Association/Department of Archives）

地址： 515 North State Street，Chicago，IL 60610

电话/传真： 312 - 464 - 4083 或 312 - 464 - 5130/312 - 464 - 4184

电子邮件： Archives@ama-assn.org

网址： www.ama-assn.org/ama/pub/category/1938.html

馆藏： 历史上的医疗保健和替代医学、照片、纪念品、手工艺品、美国医学协会珍本和出版物、影片、录像和录音带。

主题： 记录从医学伦理和医学教育到临床研究、公共卫生和其他专业议题的美国医学协会倡议和活动的文献、照片、影片、书籍、纪念品和手工艺品。

是否有团契： 否

美国红十字会/黑兹尔·布劳记录中心与档案馆（American Red Cross /Hazel Braugh Record Center and Archives）

地址： 7401 Lockport Place，Lorton，VA 22041

电话/传真： 703 – 541 – 4601/800 – 989 – 2272

网址： www.redcross.org/museum/exhibits/braugh.asp

馆藏： 通信、出版物、回忆录、口述史、剪贴簿、照片、录像。

主题： 美国红十字会国家总部（American Red Cross National Headquarters）的组织记忆。组织记录、图书馆馆藏、静态和动态 图像材料。主题包括救灾、献血计划、护理服务、军队援助、健康和 安全、青少年红十字会（Junior Red Cross），以及红十字和红新月 运动（Red Crescent movement）。

是否有团契： 否

纽约州立大学宾厄姆顿分校/妇女与性别历史研究中心（Binghamton University, SUNY/Center for the Historical Study of Women and Gender）

地址： Library Tower 606，Library Tower 606，Binghamton，NY 13902

电子邮件： chswg@binghamton.edu

网址： womhist.binghamton.edu，http://scholar.alexanderstreet. com/display/WASM/Home＋Page（网站正在建设中）

馆藏： 录音、书籍、图像、期刊、手稿、小册子、录像、口述史和回 忆录。

主题： 没有完整的馆藏清单。

1. 1600—2000 年的美国妇女和社会运动。

2. 非裔美国妇女口述史项目：20 世纪早期和中期为美国社会作出重大贡献的非裔美国妇女自传式回忆录，包括罗莎·帕克斯（Rosa Parks）、多萝西·韦斯特（Dorothy West）、杰西·阿博特（Jesse Abbott）、萨迪·亚历山大（Sadie Alexander）以及梅尔泽·泰特（Merze Tate）。

是否有团契：要求为文献项目提出建议

芝加哥历史学会/研究中心（Chicago Historical Society/Research Center）

地址：1601 North Clark Street，Chicago，IL 60614

电话：312 - 642 - 4600

网址：www.chicagohistory.org/research/aboutcollection

馆藏：按人物或组织名称进行编排的综合性馆藏。

主题：记载芝加哥生活的个人、企业和组织的记录，包括早期历史、社会状况和问题、20 世纪的邻里生活、社区组织、非裔美国人历史、种族历史、妇女史、公民自由和民权、政治、以宗教为中心的社会行动、工会、环境问题、教师以及学校改革者。

1. 玛丽·麦克道尔睦邻服务中心的记录（1894—1970，大部分集中在 1930—1962 年）［Mary McDowell Settlement Records，1894 - 1970 （bulk 1930 - 1962）］。芝加哥大学睦邻服务中心（University of Chicago Settlement）的主要居民。记载包装城地区睦邻服务中心的目标、活动、组织，以及经济和社会状况的信件、演

讲、董事会会议记录、报告与财务文件。这个睦邻服务中心的劳动
力状况、失业、移民群体、娱乐设施和俱乐部。

2. 芝加哥平民协会的记录(1894—1979)(Chicago Commons
Association Records,1894 - 1979)。基于睦邻之家的通信、会议
记录、年度报告及其他报告、人事记录、俱乐部记录、地区人口普查
数据及调查。主题包括就业、住房、教育、地区的社会状况、民族和
种族地区的变化及其问题、归化教育、种族间的交往。

3. 全国社会工作者协会伊利诺伊州分会的记录(1921—
1978)。关于成立分会、社会工作专业化、社会工作者的标准和伦
理、福利机构的行动准则、就业实践和人事条例、福利立法、公共援
助事件、大萧条和第二次世界大战期间的状况、全国社会工作者协
会、美国团体工作者协会(American Association of Group
Workers)、美国医学社会工作者协会(American Association of
Medical Social Workers)、美国精神病学社会工作者协会
(American Association of Psychiatric Social Workers)和芝加哥
精神病学社会工作圆桌会议(Chicago Round Table of Psychiatric
Social Work)的通信、报告、会议记录和专题文件。

是否有团契: 否

科罗拉多河印第安部落图书馆/档案馆(Colorado River Indian Tribes Library/Archive)

地址: Rt. 1, Box 23 - B, Parker, AZ 85344

电话/传真：928 - 669 - 1332/928 - 669 - 8262

网址：http://critonline.com/critlibrary

馆藏：按主题编排。

113 **主题：**科罗拉多河印第安部落的文化和历史。原始书面文献、文献副本、缩微胶卷、照片、录像和口述史磁带、个人通信、联邦政府文件，以及历史学家、民族学家和人类学家的作品。

是否有团契：否

哥伦比亚大学/口述史研究馆藏（Columbia University/Oral History Research Collections）

地址：810 Butler Library, 535 W. 114th Street, New York, NY 10027

电话/传真：212 - 854 - 7083

电子邮件：oralhist@libraries.cul.columbia.edu

网址：http://www.columbia.edu/cu/1web/indiv/oral/index.html

馆藏：近 8 000 份录音回忆录和 100 万页的抄本。

主题：向贫困宣战（War on Poverty）、20 世纪 60 年代的学生运动、精神分析运动的历史、妇女史和九一一事件。

是否有团契：否

哥伦比亚大学/社会工作图书馆机构馆藏（Columbia University/ Social Work Library Agency Collection）

地址：Lehman Library, 420 West 118th Street, New York, NY

10027

电话/传真：212 - 854 - 5153

电子邮件：rbml@libraries.cul.columbia.edu

网址：www. columbia. edu/cu/lweb/indiv/socwk/guides/swagency. html

馆藏：手稿、珍本、口述史、社会工作机构。

主题：国内外志愿及公共社会服务机构、社会公共机构和组织的主要出版物。记录社会工作、社会服务、家庭和儿童、日间照料、老龄化、身体健康和心理健康、酗酒和毒瘾、社会康复和身体康复的一般报告和年度报告、会议和研讨会记录、意见书、培训和个案文献。

1. 安德鲁·卡内基捐赠的机构档案（Archives of the Institutions Endowed by Andrew Carnegie）。纽约卡内基公司（Carnegie Corporation of New York）、卡内基国际和平基金会（Carnegie Endowment for International Peace）、卡内基教学促进基金会（Carnegie Foundation for the Advancement of Teaching）和卡内基伦理和国际事务委员会（Carnegie Council on Ethics and International Affairs)的记录。

2. 人权文献和研究中心（Center for Human Rights Documentation and Research）。各种人权组织，包括人权观察（Human Rights Watch)等。

3. 维奥拉·W. 伯纳德的书信文件集(1907—1998)。伯纳德

114

是精神病学家、精神分析学家、儿童福利倡导者和社区精神病学领域的先驱。该书信文件集包括通信、口述史访谈、报告、病历、照片、录音和录像、留声机记录、印刷材料、剪报和手工艺品。

4. 莉莲·D. 沃尔德的书信文件集（1895—1936）（Lillian D. Wald Papers，1895–1936）。莉莲·D. 沃尔德（Lillian D. Wald）是纽约亨利街睦邻服务中心（Henry Street Settlement）的负责人。该书信文件集包括亨利街睦邻服务中心与慈善和自由事业的书信文件集和办公室文件，主题涵盖儿童福利、公民自由、移民、公共卫生、失业以及第一次世界大战期间的和平运动。

5. 玛丽·里士满的书信文件集（1821—1928）（Mary Richmond Papers，1821–1928）。里士满是先驱社会工作者、作家和教育家。该文件包括记载了重组和引入新方法（包括案例法）的努力的通信、手稿与组织记录。

6. 社区服务协会的档案（1842—1995）（Community Service Society Archives，1842–1995）。该档案主要包括自社会工作开始以来的通信、报告、备忘录、个案记录、照片和印刷材料、中央和地区行政记录、委员会通信和会议记录、项目文件和个案文件。

是否有团契： 否

康奈尔大学珍本和手稿馆藏部（Division of Rare and Manuscript Collections，Cornell University）
地址： 2B Carl A. Kroch Library，Ithaca，NY 14853

电话/传真: 607 - 255 - 3530/607 - 255 - 9524

网址: rmc. library. cornell. edu/collections/rmccollections. html

馆藏: 美国历史和文化;美洲印第安人的历史和文化;拉丁美洲历史和文化;照片和视觉材料;流行文化;(生理)性别和(社会)性别;东南亚历史与文化。 115

主题: 印刷书籍、手稿、照片、绘画、印刷品和其他视觉媒体。

1. 塞缪尔·J. 梅反奴隶制馆藏。当地、区域和国家层面的反奴隶制斗争。该馆藏包括布道文章、意见书、抽印本、当地反奴隶制学会的通讯、诗歌选集、自由民的证词、宣传画、反奴隶制展览会、关于南北战争进展的小册子和信件、来自战场的信件、地图、报纸、印刷品、剪报和小册子。

2. 美洲印第安人的历史和文化。记录从殖民时期至今的印第安人手稿、传教报告、民族志、游记、母语词典、囚禁叙事、儿童读物、小册子、剪报、拍卖目录、通讯和旅行手册。阿帕奇部落印第安人的生活方式、神话和民俗;康奈尔-秘鲁项目的实地记录;当代政治、教育和人权问题,著名的印第安人传记文件。

是否有团契: 否

杜克大学/珍本、手稿和特藏图书馆(Duke University/Rare Book, Manuscript and Special Collections Library)

地址: 103 Perkins Library, Duke University, Durham, NC 27708 -0185

电话/传真：919 - 660 - 5820/919 - 660 - 5934

电子邮件：special-collections@duke.edu

网址：http://library. duke. edu/specialcollections/about/index. html

馆藏：非洲人和非裔美国人、纪实摄影、男同性恋和女同性恋研究、报纸、美国南部历史和文化、乌托邦文学、妇女史和妇女文化。

主题：美国南部历史和文化以及边缘群体的经历。包括南部邦联的影响、南北战争团史和南部宣传画；记载从南北战争前到 20 世纪末南方的政治、商业、劳工、教育、宗教、种族关系与生活其他方面情况的信件和日记。

116

1. 面纱的背后：记载非裔美国人生活的吉姆·克罗南方记录（1890—1997）。这是美国南方合法种族隔离时期的非裔美国人生活的口述史，主要包括对非裔美国人长者的访谈和他们的家庭照片，这些记载了在非裔美国人社区生活中发挥关键作用的非裔美国人教会、兄弟会、妇女俱乐部和政治组织，20 世纪 60 年代的民权斗争，非裔美国人对当地社区废除种族隔离制度的参与，以及 1965 年后的激进主义和社区工作。

2. 奴隶的信件。主要是一些现存的少数信件。内容千差万别，大多数信件没有关于作者的确证信息，但让我们瞥见了被奴役者的生活。

3. 欧内斯特·塞维尔·考克斯的书信文件集（1821—1973）（Earnest Sevier Cox Papers，1821 - 1973）。种族分裂主义者和白

人至上主义者的通信、著作和印刷材料,包括与埃塞俄比亚和平运动(Peace Movement of Ethiopia)的非裔美国人创始人米蒂·莫德·莱娜·戈登(Mittie Maude Lena Gordon)的通信,以及与埃米·雅克·加维(Amy Jacques Garvey)关于重返非洲运动的信函。

是否有团契: 是

乔治敦大学/劳因格图书馆特藏(Georgetown University/Special Collections Lauinger Library)

地址: Washington,DC 20057 - 1174

电话/传真: 202 - 687 - 7614/202 - 687 - 7501

电子邮件: scheetzn@georgetown.edu

网址: www.library.georgetown.edu/dept/speccoll/index.htm

馆藏: 档案、手稿、珍本、数字特藏。

主题: 美国历史;外交、国际事务和情报;欧洲历史;政治学。

1. 哈里·L. 霍普金斯的书信文件集。霍普金斯是罗斯福最信任的顾问。该文件主要包括预约薄、日记;霍普金斯演讲和备忘录的草稿;照片和图画;以及大量的信函。

2. 卡尔·A. S. 科恩关于住房和城市事务的馆藏(1954— 1976)(Carl A. S. Coan Collection in Housing and Urban Affairs,1954 - 1976)。他在参议院住房和城市事务小组委员会(Senate Subcommittee on Housing and Urban Affairs)做了 25 年的主管。

117

该馆藏包括涉及影响国内和国际住房项目的住房、城市发展和抵押贷款的个人和专业文件、手稿、政府文件、打字稿和相关物品。

3. 丹尼尔·詹姆斯的书信文件集(1960—1985)(Daniel James Papers，1960‒1985)。该馆藏包括历史学家丹尼尔·詹姆斯(Daniel James)关于切·格瓦拉(Che Guevara)、墨西哥共产党以及1960—1985年拉丁美洲和加勒比地区政治事务的大量研究资料。

是否有团契： 否

国会图书馆/手稿部(Library of Congress/Manuscript Division)

地址： 101 Independence Avenue，SE，Room LM 101，James Madison Memorial Bldg，Washington，DC 20540‒4680

电话/传真： 202‒707‒5387/202‒707‒7791

网址： www.loc.gov/rr/mss

馆藏： 总统书信文件集、政府官员书信文件集、组织记录、其他书信文件集、特藏。

主题： 包括美国历史和文化的手稿珍品在内的1万件独立馆藏。

1. 全国城市联盟的材料(1918—1986)。该材料包括通信、办公室备忘录、提案、报告、演讲、新闻稿、合同、财务记录、组织机构图表、机构名录、手册、城市联盟出版物和其他印刷品、会议记录、奖项、邮寄名单、图纸和无线电记录。

2. 住房领域的先驱：口述史项目(1981—1996)。它记录了公共住房和社区规划的发展。该馆藏中包括对住房和城市发展部及其前身的官员、住房和家庭金融机构的官员、城市研究教育工作者以及社区开发商的访谈。

3. A. 菲利普·伦道夫的书信文件集（1909—1979）（A. Philip 118 Randolph Papers，1909－1979）和卧车搬运工兄弟会的记录（1920—1968）（Records of the Brotherhood of Sleeping Car Porters，1920－1968）。A. 菲利普·伦道夫（A. Philip Randolph）是工会官员和民权领袖。该馆藏中包括与总统行政命令、备忘录、笔记、印刷品、报告、剪贴簿、演讲、卧车搬运工兄弟会、公平就业实践委员会（Fair Employment Practices Committee）、争取非裔美国人就业和平等权利的华盛顿大游行，以及民权运动有关的通信和文件。

4. 苏珊·B. 安东尼的书信文件集（1846—1934）（Susan B. Anthony Papers，1846－1934）。包括与苏珊·B. 安东尼（Susan B. Anthony）的著作、演讲和其他代表妇女争取选举权和妇女权利努力有关的通信、日记、日记簿、演讲、剪贴簿和杂项文件。还包括与全国妇女选举协会［National Woman Suffrage Association，1890 年后为全美妇女选举协会（National American Woman Suffrage Association）］和纽约州妇女选举协会（New York State Woman Suffrage Association）有关的材料。

5. 西格蒙德·弗洛伊德的书信文件集（公元前 6 世纪至 1998 年，大部分集中在 1871—1939 年）［Sigmund Freud Papers，6th century B. C.－1998(bulk 1871－1939)］。弗洛伊德是精神分析的

创始人。该书信文件集包括弗洛伊德和其他人的通信、亲笔文件和著作的机打草稿、家庭书信文件集、病人档案、法律文件、遗产记录、收据、军队和学校记录、证书、笔记本、怀表、希腊雕像、油画肖像、家谱资料、访谈、研究文件、展览材料、参考书目、清单、照片和图画、报纸和杂志剪报,以及其他印刷品。

6. 威廉·赖希的书信文件集(1920—1952)(Wilhelm Reich Papers,1920‑1952)。赖希是精神分析师和内科医生。该书信文件集包括赖希与其他人的通信、会议记录和著作,赖希做的注释、清单、大纲、照片、影印本、抄本,以及赖希通信的翻译,内容涉及他的理论发展、他与弗洛伊德和1934年精神分析运动的分歧,以及他在20世纪二三十年代在奥地利和德国参与的共产主义和社会主义运动。

是否有团契:否

119 密歇根州立大学图书馆/美国激进主义馆藏(Michigan State University Libraries/The American Radicalism Collection)

地址:Special Collections,100 Library,East Lansing,MI 48823

电话/传真:517‑432‑6123 ext.100

网址:specialcollections.lib.msu.edw/index.jsp

馆藏:非主流出版物、美国共产党(Communist Party USA)、伊迪丝和阿瑟·福克斯的馆藏(Edith and Arthur Fox Collection)、三K党(Ku Klux Klan)、美国激进主义立式档案箱、索尔·韦尔曼的馆藏(Saul Wellman Collection)。

主题： 关于美国政治、社会和经济问题且重点关注左翼和右翼激进团体的书籍、小册子、期刊、海报和临时性文件。涉及蒂莫西·利里（Timothy Leary）、黑豹党（Black Panther Party）、新纳粹组织、基督教右派和史蒂夫·加斯金（Steve Gaskin）；20 世纪美国左派的出版物；美国劳工史、三 K 党、美国共产主义的发展，以及 20 世纪 60 年代的学生反战运动；当代男性运动；以及男同性恋和女同性恋社区。

1. 非主流出版物。订阅、过期文件合订本以及样刊。左翼政党、种族主义和新纳粹右翼组织的出版物，20 世纪六七十年代的地下报纸，以及宣传和社会变革的出版物，涉及妇女权利、环境、男同性恋和女同性恋问题、非主流生活、美国外交和国内政策。

2. 美国共产党的材料（1919 年至 20 世纪 50 年代）。材料来自美国共产党、美国工人党（American Workers Party）、美国共产主义者联盟（Communist League of America）、革命工人联盟（Revolutionary Workers League）、青年支部和前线组织，以及政府机构和商业出版商的相关材料。包括书籍、讨论文件、政策问题和党内纠纷、会议记录和小册子。

3. 伊迪丝和阿瑟·福克斯的馆藏。伊迪丝（Edith）和阿瑟·福克斯（Arthur Fox）是底特律的政治和劳工活动人士。包括小册子、选举材料和车间书信文件集，这些记录了他们参与汽车工人联合会（United Auto Workers）和托洛茨基社会主义工人党（Trotskyite Socialist Workers Party）内一些持不同政见团体，以及 20 世纪 30 年代后期到越南战争期间的党内材料。

是否有团契： 否

120 明尼苏达州历史学会图书馆（Minnesota Historical Society Library）

地址： 345 Kellogg Boulevard West，St. Paul，MN 55102 – 1906

电话/传真： 651 – 259 – 3300

电子邮件： reference@mnhs.org

网址： www.mnhs.org/collections/about.htm

馆藏： 古代文物、艺术品、手工艺品、历史遗址中的馆藏、藏书、手稿、地图、动态图像、音乐、报纸、口述史、照片、海报、州和州历史保护办公室的相关材料。

主题： 明尼苏达州历史的编年史。

1. 非裔美国人。记载明尼苏达州有色人种历史的书信文件集、照片、地图、艺术品、出版物和手工艺品。

2. 男同性恋者、女同性恋者、双性恋者和跨性别者。记载明尼苏达州男同性恋者、女同性恋者、双性恋者和跨性别者公民历史的书信文件集、照片、艺术品、出版物和手工艺品。

3. 西班牙裔。记载明尼苏达州有色人种历史的书信文件集、照片、地图、艺术品、出版物和手工艺品。

4. 有组织的劳工。包括当地、州和国家工会、政党、工会和政党领袖、活动家、个体劳动者与企业的日记、通信、会议记录、报告、通讯、演讲、剪贴簿、商谈文件和行政文件。

5. 慈善事业。慈善事业组织和慈善组织的记录，以及许多个体慈善家的书信文件集。

6. 妇女。包括私人日记、主要组织机构非现行记录。农民、教育工作者、艺术家、政治家、雇员、家庭主妇、专业人士、法官、环保主义者、作家和其他人，在她们中，从无名者到著名人士，从 19 世纪的先驱到 20 世纪的外交官都有其代表。

是否有团契：否

美国国家档案和记录管理局（National Archives and Records Administration）

地址：700 Pennsylvania Avenue, NW, Washington, DC 20408 - 0001

电话／传真：202 - 357 - 5400/301 - 837 - 0483

网址：http://www.archives.gov/research

121

馆藏：按主题、格式、机构或地区收藏的可检索的数据库。

主题：美国联邦政府历史的文献和材料记录。这些记录和手工艺品被保存在全国各地的美国国家档案和记录管理局中。

1. 关于社区行动项目赠款和受赠人的记录（1964—1981）（Records About Community Action Program Grants and Grantees, 1964 - 1981）。与社会福利项目有关的通信、备忘录、通报、小册子、基金申请书副本、申请报告和杂类记录。

2. 联邦登记办公室（Office of the Federal Register）。提供联

邦法律、总统文件、行政法规和通知，以及联邦组织、项目和活动的描述的官方文本的访问。

3. 住房和城市发展部的主要照片复印件（1965—1995）（Main Photographic Print File of the Department of Housing and Urban Development，1965 - 1995）。记录部门活动和项目、住房、历史保护和城市重建项目的照片，包括许多著名的地标和社区，这些地方的历史保护是通过住房和城市发展部的援助而实现的。

是否有团契：否

纽约历史学会（New-York Historical Society）

地址：170 Central Park West，New York，NY 10024

电话/传真：212 - 485 - 9225 或 212 - 485 - 9226/212 - 875 - 1591

网址：https://www. nyhistory. org/web/default. php? section = libraryandpage=reference _assistance_form

网址：www.nyhistory.org/web/default.php?Section=libraryandpage=collections

馆藏：印刷品、图表和手稿。

主题：纽约州和纽约市的历史；殖民史；独立战争；南北战争；18 世纪和 19 世纪的宗教和宗教运动；英美奴隶贸易和美国的奴隶制状况。

122 1. 报纸。1820 年以前出版的纽约原始殖民地报纸、商业和政治日报，以及南北战争期间北方和南方城市的主要报纸。

2. 儿童援助协会的档案（1853—1930）（Children's Aid Society

Archives，1853 - 1930）。新的馆藏正在编目中。包括手写分类账、放弃书、照片和宣传孤儿列车到达的传单。

3. 奴隶制馆藏（1709—1864）（The Slavery Collection，1709 - 1864）。包括与北美奴隶贸易、奴隶所有权、奴隶制的废除，以及与奴隶制有关的政治问题的相关通信、法律文件和财务文件。

4. 有色孤儿福利协会的记录（1836—1972）（Records of the Association for the Benefit of Colored Orphans，1836 - 1972）。包括会议记录、契约记录册、行政通信、财务记录、入院和出院报告、剪报、回忆录、访客登记册以及建筑平面图。

5. 紧急避难所的记录（1928—1988，大部分集中在 1929—1975 年）〔Records of the Emergency Shelter，1928 - 1988（bulk 1929 - 1975）〕。这是一家曼哈顿男子无家可归者收容所的历史。包括照片、幻灯片、小册子、传单、剪贴簿、信件、文章和报告。

6. 女性基督教联盟的记录（1850—2001，大部分集中在 1858—1960 年）。该联盟为纽约市的年轻女性提供经济适用房。该记录记载了该联盟 150 年来在帮助在纽约市工作和学习的年轻女性方面所作的努力。

是否有团契：否

纽约公共图书馆/人文和社会科学图书馆（New York Public Library/Humanities and Social Sciences Library）

地址：Manuscripts and Archives Division，Fifth Avenue and

42nd Street，New York，NY 10018

电话/传真：212‐930‐0801

网址：http://www.nypl.org/research/eref/hssl/erefhssl.cfm

网址：www.nypl.org/research/chss/index.html

馆藏：按人名或组织名称排列的一般馆藏。

123　**主题：**日期是从公元前3000年到近十年。有文献、照片、录音、影片、录像、手工艺品和电子记录。

1. 美国公共服务基金的记录（1922—1941）（American Fund for Public Service Records，1922‐1941）。在1922—1941年，几乎每一个活跃的进步团体都有美国公共服务基金的申请者。该记录包括内部和外部通信、会议记录、委员会报告和调查。

2. 纽约女子监狱协会的记录（1845—1983）（Women's Prison Association of New York Records，1845‐1983）。该记录包括通信、会议记录、报告、立法法案、项目文件、案主案例文件、财务记录、照片、印刷品和筹款记录。案主案例文件包括"霍珀之家"（Hopper Home）居住者的案例簿、名册、登记卡和日常报告的样本。

3. 莉莲·D.沃尔德的书信文件集（1889—1957）（Lillian D. Wald Papers，1889‐1957）。沃尔德是公共卫生护士、社会工作者，创建了纽约亨利街睦邻服务中心和纽约探访护士服务（Visiting Nurse Service of New York）。该文件包括通信、演讲、著作和附属文件。主题包括儿童福利和劳工、公民自由、移民、失业、住房、娱乐、卫生、禁酒令、妇女选举权，以及第一次世界大战期间的和平运动。

是否有团契：是

纽约公共图书馆/朔姆堡非裔美国人文化研究中心(New York Public Library/Schomburg Center for Research in Black Culture)

地址：515 Malcolm X Boulevard，New York，NY 10037‑1801

电话/传真：212‑491‑2200

电子邮件：scmarbref@nypl.org

网址：www.nypl.org/research/sc/sc.html

馆藏：按人名或组织名称排列的一般馆藏。

主题：主要是在美洲和加勒比地区生活的非洲人后裔的历史和文化。包括个人书信文件集、组织和机构记录、主题或专题馆藏、宣传画、临时性文件和珍本，上述材料主要涵盖了 20 世纪美洲、非洲和英国的非洲人后裔的历史、文学、政治和文化。包括美国的妇女；海地历史；非裔美国人的宗教；哈莱姆(Harlem)的社会、文化和政治史；非洲和美国的教育；民权组织与活动；学者和知识分子的研究文件；以及记载激进政治运动的个人和组织的书信文件集与记录。

1. 里埃塔·海因斯·赫伯特的书信文件集(1940—1969)(Rietta Hines Herbert Papers，1940‑1969)。记载一名非裔美国妇女在社会工作、一般社会工作、纽约州社会福利部(New York State Department of Social Welfare)和纽约市福利部(New York City Department of Welfare)、儿童安置部(Children's Placement Division)等领域的教育和专业发展情况。

124

151

2. 奥利娃·普莱曾茨·弗罗斯特的书信文件集(1937—1994)
(Olivia Pleasants Frost Papers，1937－1994)。奥利娃·普莱曾茨·
弗罗斯特(Olivia Pleasants Frost)是许多社会组织和教育机构的研究
顾问。该文件包括她与纽约城市联盟(New York Urban League)、哈
莱姆抵押促进委员会(Harlem Mortgage Improvement Council)、纽约
市青年委员会(New York City Youth Board)、贝德福德-施托伊弗桑
特青年行动组织(Bedford-Stuyvesant Youth in Action)、纽约城市大
学、大城市应用研究中心(Metropolitan Applied Research Center)、哥
伦比亚大学和奥利娃·弗罗斯特研究协会(Olivia Frost Research
Associates)合作的报告、提案和备忘录。

3. 詹姆斯·韦尔登·约翰逊社区中心的记录(1942—1988)
(James Weldon Johnson Community Centers，Inc. Records，
1942－1988)。该记录包括董事会会议记录和委员会文件；执行董
事通信和主题文件；项目文件；筹款记录；以及照片。该记录记载
了东哈莱姆的社会状况、人口变化、政治活动、慈善事业和社会工
作，重点关注 20 世纪五六十年代的城市重建时期。

是否有团契：是

纽约大学/塔米门特图书馆和罗伯特·F. 瓦格纳劳工档案馆(New York University/The Tamiment Library and Robert F. Wagner Labor Archives)

地址：70 Washington Square South，10th floor，New York，NY

10012

电话/传真：212 - 998 - 2630/212 - 995 - 4225

网址：www.nyu.edu/library/bobst/research/tam

馆藏：图书馆馆藏、档案馆藏、政治资料馆藏、传记手稿、爱尔兰裔美国人档案、非印刷品、口述史和立式档案箱。

主题：劳工运动的历史和工会主义与进步政治的关系，纽约市中央劳工委员会（New York City Central Labor Council）的成员工会，以及激进政治的历史：社会主义、共产主义、无政府主义、空想实验、文化左派、新左派，以及争取公民权利和公民自由的斗争。

1. 图书馆馆藏。包括工会会议记录、工会期刊、罢工公告、地下报纸、激进组织内部公告、学术期刊、非主流报刊索引、左派材料的索引，以及与工作相关的摘要。

2. 档案馆藏。包括左派的历史、工人在美国社会中的地位、劳动法的演变、妇女史、移民史、邻里协会、兄弟会和种族协会、政治组织和工会。

3. 政治资料馆藏。包括早期的当地社会主义党（Socialist Party）及其前身的组织记录，兰德社会科学学院（Rand School of Social Science）、校际社会主义学会（Intercollegiate Socialist Society）、纽约法律咨询局[New York Bureau of Legal Advice，即美国公民自由协会（American Civil Liberties Union，简称 ACLU）的前身]的记录，尤金·V. 德布斯（Eugene V. Debs）、国会议员迈耶·伦敦（Meyer London）、哈里·莱德勒（Harry Laidler）、威

125

廉·迈利(William Mailly)和詹姆斯·奥纳尔(James Oneal)、罗斯·帕斯特·斯托克斯(Rose Pastor Stokes)、漫画家阿特·扬(Art Young)、迈克尔·哈林顿(Michael Harrington)和美国民主社会主义者(Democratic Socialists of America)的书信文件集。美国共产党的活动：其领导人、骨干、普通积极分子和支持者，以及描述政府调查和起诉共产党及其党员的记录。

是否有团契：否

纽约-长老会/韦尔·康奈尔医学档案馆(New York-Presbyterian/ Weill Cornell，Medical Archives)

地址：1300 York Avenue，♯34，New York，NY 10021 - 4805

电话/传真：212 - 746 - 6072/212 - 746 - 8279

电子邮件：ems2001@med.cornell.edu

网址：www.med.cornell.edu/archives/about_us

馆藏：机构档案、个人书信文件集和手稿、病人病历。

主题：纽约-长老会/韦尔·康奈尔和合并成目前医疗中心的机构的记录，代表了可以追溯到 1771 年的医疗保健、科学研究和医学教育的连续编年史。

126　　1. 机构档案。纽约-长老会医院/韦尔·康奈尔医疗中心〔原纽约医院(New York Hospital)〕、康奈尔大学韦尔医学院(Weill Medical College of Cornell University)，以及其他几家与该医疗中心合并或附属的机构的可获得的记录。

2. 个人书信文件集和手稿。与医疗中心有关的医生、教师、护士、学生和行政人员的手稿和书信文件集。主题包括改善纳瓦霍人的医疗保健、从南北战争到第二次世界大战的家庭书信文件集、日记，以及艾滋病最近的历史与政府和医学界对这一流行病的反应。

3. 病人病历。纽约医院、布卢明代尔精神病院/医院（Bloomingdale Asylum/Hospital）、纽约市临产医院（Lying-In Hospital of the City of New York）和其他几家机构的记录，记载了 200 多年来病人人数和医疗/护理的变化。

是否有团契：否

俄克拉何马历史学会(Oklahoma Historical Society)

地址：2401 North Laird Avenue，Oklahoma City，OK 73105 - 7914

电话/传真：405 - 522 - 5225

电子邮件：Imartin@okhistory.org

网址：www.okhistory.org/res/ResDiv.html

馆藏：印第安人的记录、印第安人先驱的书信文件集、照片档案、手稿、影片/录像、口述史、地图、报纸。

主题：俄克拉何马州及其人民的历史。

印第安人的档案记录（1860—1930）（Indian Archives Records，1860 - 1930）。包括俄克拉何马州美国印第安人机构的书信文件集和卷宗,以及切罗基人、奇克索人、乔克托人、克里克人和塞米诺尔人的民族记录。

是否有团契: 否

127 拉德克利夫研究所/美国阿瑟和伊丽莎白·施莱辛格妇女史图书馆(Radcliffe Institute/The Arthur and Elizabeth Schlesinger Library on the History of Women in America)

地址: 10 Garden Street,Cambridge,MA 02138

电话/传真: 617 - 495 - 8662/617 - 496 - 8340

电子邮件: radarch@radcliffe.edu

网址: http://www.radcliffe.edu/schles

馆藏: 手稿/档案、书籍和期刊、摄影和音像、大学档案。

主题: 妇女和家庭的信件、日记和个人书信文件集;妇女组织的记录;关于妇女的书籍;食谱;妇女期刊;照片;录像;记载了从 19 世纪早期至今的美国和国外妇女活动的口述史。

1. 伊丽莎白·普林斯·赖斯的书信文件集(1948—1969)。包括个人书信文件集和照片、专业论文、再版书、会议文件和演讲,它们记录了医院社会服务部的发展、医生的社会工作技巧、影响儿童健康的社会因素、关于医院社会服务结构,以及健康和福利服务相互关系的课程。

2. 安娜·苏厄德·普鲁伊特和艾达·普鲁伊特的书信文件集(1860—1992)(Anna Seward Pruitt and Ida Pruitt Papers,1860 -

1992)。有通信、剪贴簿、日记、出版和未出版的著作、社会工作案例笔记、演讲、来自印度工业公司(Indusco)的会议记录和通信、雷维·阿利(Rewi Alley)的著作、在中国的照片和生活。

3. 弗洛伦斯·莱迪亚德·克罗斯的书信文件集(1885—1961)(Florence Ledyard Cross Papers，1885‑1961)。包括通信、手稿、剪贴簿、小册子、传单、剪报以及她的期刊,它们记载了纽约州纽约市和罗切斯特市移民的社会工作、1916年全美妇女选举大会(National American Woman Suffrage Convention of 1916)、康涅狄格州的选举工作(1918年),以及她在国内外的旅行。

4. 莫莉·杜森的书信文件集(1893—1962)(Molly Dewson Papers，1893‑1962)。包括通信、著作和演讲、计划、报告、会议记录、剪报和已出版的作品,它们记载了莫莉·杜森(Molly Dewson)与在法国的美国红十字会、有关最低工资问题的全美消费者联盟(National Consumers' League)、美国民主党全国委员会(Democratic National Committee)妇女分会、波士顿的妇女教育和工业联盟(Women's Educational and Industrial Union)、兰开斯特的马萨诸塞州女子工业学院(Massachusetts Industrial School for Girls)的合作。

128

5. 埃塞尔·斯特奇斯·达默的相关材料(1766—1962)。包括通信、演讲、照片、报告、会议记录和文章,它们记载了她的有关少年犯、妓女和私生子、进步主义教育和芝加哥公立学校,以及精神卫生运动领导者的工作。通信包括与简·亚当斯、哈夫洛克·埃利斯(Havelock Ellis)、弗洛伊德、杰西·霍德(Jessie Hodder)、卡伦·霍尼(Karen Horney)、朱莉娅·莱思罗普(Julia Lathrop)、诺曼·托马斯(Norman Thomas)、米里亚姆·范沃特斯(Miriam Van Waters)等的。

是否有团契：是

洛克菲勒档案中心(Rockefeller Archive Center)

地址：15 Dayton Avenue，Sleepy Hollow，NY 10591

电话/传真：914 - 631 - 4505/914 - 631 - 6017

电子邮件：archive@rockefeller.edu

网址：archive.rockefeller.edu

馆藏：洛克菲勒家族的档案(Rockefeller Family Archives)、洛克菲勒大学的档案(Rockefeller University Archives)、洛克菲勒基金会的档案、洛克菲勒兄弟基金的档案(Rockefeller Brothers Fund Archives)、洛克菲勒相关组织的档案、其他非营利组织的档案。

主题：洛克菲勒家族的慈善组织。非裔美国人的历史、教育、国际关系和经济发展、劳工、医药、慈善事业、政治、人口、宗教、科学、社会科学、社会福利和妇女史。

1. 洛克菲勒基金会的档案。记录拨款的生命周期。包括通信、机构会议记录、内部报告、出版物、干事日记摘要、基金会拨款行动、关于逃离欧洲法西斯的难民学者的文件、与公共卫生有关的材料,以及记录基金会与联合国和美国政府机构合作的通信。

2. 洛克菲勒兄弟基金的档案(1951—1989)。有与拨款申请和拨款管理有关的通信、报告、大事记、拨款行动、项目文件、备忘录、财务记录和背景材料。记载了美国和其他国家有关公民改进、文化进步、教育、卫生、宗教、福利、国际关系和理解、环境保护、人口以及种族平等。

3. 基金会理事会的记录(1949—1982)(Council on Foundations Records,1949-1982)。包括基金会理事会的早期历史、各种办公室和通信文件、20 世纪 60 年代末和 20 世纪 70 年代初税务改革的努力、私人慈善事业和公众需求委员会(Commission on Private Philanthropy and Public Need)对美国慈善捐赠的范围和影响的研究。

4. 罗素·塞奇基金会的记录(1907—1982)(Russell Sage Foundation Records,1907-1982)。包括通信、个人意见、进度报告、日常活动、会议议程和会议记录、进度报告和年度报告、财务报表、剪报、小册子和说明书。主题涵盖教育、青少年犯罪、劳资关系、刑罚学、公共卫生、娱乐、社会工作、社会工作教育,以及城市和区域规划。

是否有团契: 是

罗斯福大学图书馆/新政研究中心(Roosevelt University Library/ Center for New Deal Studies)

地址: 430 S. Michigan Avenue,Chicago,IL 60605-1394

电话/传真： 312 - 341 - 3644/312 - 341 - 3499

电子邮件： mgabriel@roosevelt.edu

网址： www.roosevelt.edu/newdeal

馆藏： 书籍目录、档案、伊丽莎白·巴拉诺夫劳工口述史 (Elizabeth Balanoff Labor Oral History)、临时性文件、戴维·麦克拉伦纪念图书馆藏（David MacLaren Memorial Book Collection）。

主题： 通过档案馆藏、临时性文件馆藏、新政影片和录像，以及照片来记载的新政。

艾伯特·勒帕斯基的书信文件集。包括对近 150 名新政拥护者的访谈摘要，关于新政的当代杂志和出版物、乐谱，以及未发表的研究。

是否有团契： 否

130 **西蒙斯学院/西蒙斯学院档案馆和特藏部（Simmons College/ Simmons College Archives and Special Collections Department）**

地址： The Charities Collection，300 The Fenway，Boston，MA 02115

电话/传真： 617 - 521 - 2440

电子邮件： donna.webber@simmons.edu

网址： my.simmons.edu/library/collections/college_archives/charities_ collections.shtml

馆藏：大学档案、手稿、照片、历史书籍、慈善组织材料。

主题：追踪妇女在护理、社会工作和教学方面培训的个人书信文件集、照片和大事记。从 18 世纪 90 年代到 1950 年，波士顿、美国东部和英格兰的私人慈善机构、公共福利机构和医院的年度报告、小册子和布道。

是否有团契：否

史密斯学院/索菲娅·史密斯馆藏（Smith College/Sophia Smith Collection）

地址：Alumnae Gym (Neilson Library)，Smith College，Northampton，MA 01063

电话/传真：413‐585‐2970/413‐585‐2886

电子邮件：ssc‐wmhist@smith.edu

网址：www.smith.edu/libraries/libs/archives

馆藏：行政记录、传记记录、视听材料、手稿、照片、期刊。

主题：从殖民时代至今的妇女史：节育和生育权，妇女权利，选举权，当代妇女运动，在国外工作的美国妇女，从事艺术、新闻和社会工作，以及 19 世纪和 20 世纪新英格兰地区的中产阶级家庭生活。

1. 平等权利修正案运动档案项目的记录（1970—1985）。包括通信、演讲、照片、印刷材料、采访记录、视听材料、大事记、全国妇女组织（National Organization for Women）为通过平等权利修正案所做的工作、《谁将保护家庭》（*Who Will Protect the Family*）

131　(基于 1982 年的北卡罗来纳州的平等权利修正案运动)和《为公认
而战》(*Fighting for the Obvious*)(重点是伊利诺伊州芝加哥的平
等权利修正案运动)的纪录片片段。

2. 卡雷尔·B. 杰曼的书信文件集(1922—1998,大部分集中
在 1970—1995 年)[Carel B. Germain Papers,1922 - 1998 (bulk
1970 - 1995)]。卡雷尔·B. 杰曼(Carel B. Germain)是专注于社
会工作理论与实践的生态学方法的社会工作教授。该文件包括传
记资料、著作、杰曼教授自我心理学的录音带、关于社会工作教学
和实践的通信。

3. 弗洛伦斯·霍利斯和罗斯玛丽·罗斯·雷诺兹的书信文件
集(1863—1987,大部分集中在 1930—1986 年)[Florence Hollis
and Rosemary Ross Reynolds Papers,1863 - 1987(bulk 1930 -
1986)]。弗洛伦斯·霍利斯(Florence Hollis)和罗斯玛丽·罗斯·
雷诺兹(Rosemary Ross Reynolds)是社会工作者兼社会工作教授。
该书信文件集包括通信、学生论文、案例记录、著作和演讲、发表的
文章、录音带、记录、录像带、机构记录、照片和口述史文献。

4. 玛丽·C. 贾勒特的书信文件集(1900—1961)(Mary C.
Jarrett Papers,1900 - 1961)。玛丽·C. 贾勒特(Mary C. Jarrett)
是精神病学社会工作者、史密斯学院社会工作学院的创始人和副
主任、教授、社会工作研究员。该文件包括精神病学社会工作理
论、美国公共卫生服务(United State Public Service)和纽约市福
利委员会(Welfare Council of New York City)的研究、著作、通信

与规划。

5. 莉迪亚·拉波波特的书信文件集（1963—1968）（Lydia Rapoport Papers，1963－1968）。莉迪亚·拉波波特（Lydia Rapoport）是教授兼社会工作者。该书信文件集包括家庭干预、心理健康咨询和短期社会工作的通信、演讲、发表与未发表的文章和研究。

6. 玛丽·范克利克的书信文件集（1849—1998）（Mary van Kleeck Papers，1849－1998）。玛丽·范克利克（Mary van Kleeck）是著名的社会改革家、讲演者、研究员和作家。该书信文件集记录了她在社会和慈善机构的工作，例如，美国公民自由协会，全国妇女党（National Woman's Party），布琳·莫尔学生工作者暑期学校（Bryn Mawr Summer School for Student Workers）、收容所（Hospites，一个难民救援组织）、妇女国际民主联合会（Women's International Democratic Federation）、妇女工会联盟（Women's Trade Union League）和国家研究理事会（National Research Council）。她也在罗素·塞奇基金会工业研究部开展了相关工作，她在那里对落基山燃料公司（Rocky Mountain Fuel Company）、矿工联合会（United Mine Workers）和煤炭工业进行了调查，以及1925—1947年她与妇女局（Women's Bureau）的玛丽·安德森（Mary Anderson）和国际工业关系研究所（International Industrial Relations Institute）的玛丽·弗莱德罗斯（Mary Fledderus）的合作。

是否有团契：是

132　史密森协会档案馆(Smithsonian Institution Archives)

地址：Washington，DC

电子邮件：libmail@si.edu

网址：http://www.sil.si.edu/research

馆藏：史密森图书馆；档案、手稿和照片馆藏。

主题：史密森档案馆约有 5 万立方英尺的纸质文件、700 万张静态照片，以及数千部影片和录音。

1. 美洲印第安人国家博物馆的档案(Archives at the National Museum of the American Indian)。包括记载北美洲、中美洲和南美洲印第安人的当代和传统生活方式与艺术的手稿、摄影图像、影片和录音。

2. 人文研究的影片档案(Human Studies Film Archives)。具有历史学、考古学和民族志意义的影片和录像馆藏，包括业余和专业影片制作人编辑过的民族志影片、作为人类学研究一部分的独特研究片段和旅行日志。

3. 鲁思·凯尼格的密西西比州夏日项目馆藏(1964—1966)(Ruth Koenig Mississippi Summer Project Collection，1964 - 1966)。鲁思·凯尼格(Ruth Koenig)是一名 23 岁的教师，在密西西比州的霍利斯普林斯(Holly Springs)志愿参加了密西西比自由之夏(Mississippi Freedom Summer)活动，该活动在密西西比州

建立了一个非裔美国人政治组织，并组织了包括自由学校
(Freedom Schools)和社区中心(Community Centers)在内的各种
项目。该馆藏包括私人信函和商业通信、图片和各种印刷材料。

是否有团契：是

社会保障署/社会保障署历史档案(Social Security Administration/ SSA History Archives)

地址：Windsor Park Building, 6401 Security Boulevard, Baltimore,
MD 21235

网址：www.ssa.gov/history/archives/SSAGuideTOC.htm

馆藏：卷轴文件、平面文件、书柜、多媒体馆藏、横向文件、玛丽·
罗斯的书信文件集(Mary Ross Papers)、咨询委员会的材料、施拉
巴赫的书信文件集(Schlabach Papers)。

主题：社会保障和医疗保险(Social Security and Medicare)的规
划、立法和行政史，以及社会保障署的历史。

1. 卷轴文件。个人文件、主题文件和组织文件。

2. 玛丽·罗斯的书信文件集。玛丽·罗斯(Mary Ross)长
期从事社会保障工作。该书信文件集包括备忘录、国会听证会
报告、制定立法的多个版本的副本，以及主题广泛的报告、研究
和小册子，这些记载了过去30多年社会保障项目中最重要的
发展。

是否有团契：否

南加利福尼亚州社会研究图书馆(Southern California Library for Social Studies and Research)

地址: 6120 South Vermont Avenue, Los Angeles, CA 90044

电话/传真: 323 - 759 - 6063/323 - 759 - 2252

电子邮件: archives@socallib.org

网址: www.socallib.org/index.html

馆藏: 按个人或组织名称排列的一般馆藏。

主题: 为争取正义、劳工、民权、妇女、移民和其他基层运动而斗争的社区历史。

1. 克里斯滕·奥克尔斯豪泽的书信文件集(1965—1987) (Kristen Ockershauser Papers, 1965 - 1987)。克里斯滕·奥克尔斯豪泽(Kristen Ockershauser)是社区组织者,该文件主要记录了20世纪70年代初洛杉矶圣佩德罗地区两个公共住房项目中组织居民的努力。

2. 黑豹党的馆藏(20世纪60年代至70年代)(Black Panther Collection, 1960s - 1970s)。它包括黑豹党在洛杉矶(和奥克兰、加利福尼亚)的传单、文章、临时性文件,以及图书馆发行的黑豹党的报纸《黑豹》(*Black Panther*)。

是否有团契: 否

斯沃斯莫尔学院和平馆藏(Swarthmore College Peace Collection)

地址: 500 College Avenue, Swarthmore, PA 19081 - 1399

电话/传真： 610‑328‑8557/610‑690‑5728

电子邮件： wchmiel@swarthmore.edu

网址： www.swarthmore.edu/library/peace/peaceWeb site/scpcWeb site/Documents/frontpageAug2006.htm

馆藏： 手稿、视听材料、书籍、期刊、摄影图片、纪念品。

主题： 和平主义、妇女与和平、出于良心拒服兵役、非暴力、公民的不服从、进步主义、越南时代、非裔美国人的抗议和民权、女性主义、公民自由、社会工作史、19 世纪末至今的有历史影响的和平教会。

1. 简·亚当斯的书信文件集（1838 年至今，大部分集中在 1880—1935 年）。包括通信、罗克福德神学院（Rockford Seminary）的记事本、日记、约会日程表、简·亚当斯所做的以及关于简·亚当斯的著作和演讲、护照、名片、关于她的书籍的评论、参考文件、死亡通知、吊唁、追悼会说明、照片、诺贝尔和平奖奖章，以及纪念品和个人图书馆。

2. 非裔美国人与和平。包括有关民权时代自由游行（Freedom Marches）、1963 年的华盛顿游行、费城种族关系委员会（Committee on Race Relations）、反奴隶制和反私刑的努力、种族平等大会（Congress on Racial Equality）、众议院非美活动委员会（House Un-American Activities Committee）的书信文件集、录音和录像。

是否有团契： 是

天普大学/塞缪尔·L. 佩利图书馆城市档案馆（Temple University/Samuel L. Paley Library Urban Archives）

地址： 1210 W. Berks Street，Philadelphia，PA 19122

电话/传真： 215-204-8257 或 215-204-5750/215-204-3681

电子邮件： urban@temple.edu

网址： http://library.temple.edu/articles/index.jsp?bhcp=1

馆藏： 书籍和小册子、剪报、手稿、口述史、摄影作品、录像、电视、视听材料。

主题： 19 世纪中叶至今费城地区的社会、经济和物质发展、社会服务组织、工会、移民/种族社区、劳工、政治和抗议、老人、妇女、住房发展、社区组织，以及与非裔美国人、教育和犯罪有关的组织。

135

1. 团契之家（1931—1994）（Fellowship House，1931-1994）的材料。团契之家是人类关系和社会变革方面最早的非营利性教育中心之一。该材料包括组织记录和通信。

2. 本杰明·费尔德曼系列（Benjamin Feldman Series）。费尔德曼是积极的社区活动家。该系列包括 20 世纪 30 年代至 70 年代末在费城和特拉华河谷（Delaware Valley）活动的邻里和地区团体的组织活动和清单，以及费尔德曼对被指控为共产党员的辩护。

3. 查尔斯·L. 布洛克森的非裔美国人馆藏（Charles L. Blockson Afro-American Collection）。该馆藏包括记载非裔的历史和文化的书籍、手稿、小册子、期刊、宣传画、海报、照片和珍稀的临时性文件。

是否有团契：是

精神病学历史研究所／奥斯卡·迪耶特尔姆图书馆（The Institute for the History of Psychiatry／Oskar Diethelm Library）

地址：525 East 68th Street，Box 140，New York，NY 10021

电话／传真：212 - 746 - 3728

网址：www.cornellpsychiatry.org/history

馆藏：期刊、档案和手稿。

主题：精神病学的历史，包括心理学、精神分析、催眠术、催眠术研究、唯心论、颅相学、巫术、美国精神卫生运动、戒酒运动，以及关于巫术、自杀和性行为的宗教和医学辩论。精神病学期刊，早期罕见的以第一人称对精神病病情、酗酒和滥用药物的叙述，19 世纪和 20 世纪初的医院和精神病院报告。

　　档案和手稿。许多组织和个人未发表的论文和信件，这些论文和信件对精神病学的历史和儿童精神病学、精神分析、美国精神卫生运动和生物精神病学的研究至关重要。

是否有团契：否

马丁·路德·金非暴力社会变革中心／金中心（The Martin Luther King Center for Nonviolent Social Change／The King Center）

136

地址：449 Auburn Ave，Atlanta，GA 30312

电话／传真：404 - 526 - 8983

电子邮件：archives@thekingcenter.org

网址：www.thekingcenter.org/prog/research.html

馆藏：组织记录、手稿、视听材料和口述史。

主题：马丁·路德·金博士的书信文件集（Papers of Dr. Martin Luther King Jr.），以及南方基督教领袖会议（Southern Christian Leadership Conference）、民权组织和知名人士的相关文件。对马丁·路德·金博士的老师、朋友、家庭和民权协会的口述史采访。

是否有团契：否

伊利诺伊大学芝加哥分校/卫生科学图书馆（The University of Illinois at Chicago/Library of the Health Sciences）

地址：Special Collections and University Archives，Room 320，1750 W. Polk Street，Chicago，IL 60612

电话/传真：312-996-8977

电子邮件：http://www.uic.edu/depts/lib/digital/E-mailform.shtml

网址：www.uic.edu/depts/lib/specialcoll

馆藏：大学档案、珍本、摄影图像和数字图像。

主题：卫生科学的历史。

1. 赫尔之家口述史的馆藏（1974—2002）（Hull House Oral History Collection，1974-2002）。这是记录简·亚当斯和芝加哥睦邻之家活动的回忆录。

2. 赫尔之家的馆藏（1889 年至 20 世纪 60 年代中期）（Hull

House Collection，1889－mid－1960s)。记录赫尔之家建立以来的历史。

是否有团契：否

伊利诺伊大学芝加哥分校/理查德·J.戴利图书馆(The University of Illinois at Chicago/Richard J. Daley Library)

地址：Special Collections and University Archives，Room 3－330，801 S. Morgan Street，Chicago，IL 60607

电话/传真：312－996－2742

137

电子邮件：http://www.uic.edu/depts/lib/digital/E-maiform.shtml

网址：www.uic.edu/depts/lib/mainlib

馆藏：手稿、珍本和照片。

主题：对芝加哥历史有重要意义的个人和组织的记录。

1.工业区基金会(1952—2004)(Industrial Areas Foundation，1952－2004)的馆藏。该馆藏包括通信、运动材料、组织者的实地报告、剪报、组织的出版物、年度报告和培训材料，这些材料是在索尔·阿林斯基(Saul Alinsky)和埃德·钱伯斯(Ed Chambers)的指导下，以及培训机构创立和工业区基金会活动越来越制度化的过渡时期出现的。

2.伊迪丝和格蕾丝·阿博特的馆藏(1909—1951)(Edith and Grace Abbott Collection，1909－1951)。伊迪丝(Edith)和格蕾丝·阿博特(Grace Abbott)是赫尔之家的居民，以及移民保护联

盟(Immigrants' Protective League)的创始人。该馆藏包括文章、书评、剪报、年刊、信件、备忘录、报告、演讲和著作。

3. 索霍尼莎·布雷肯里奇的馆藏(1912 年至 20 世纪 40 年代)(Sophonisba Breckinridge Collection，1912‐1940s)。索霍尼莎·布雷肯里奇(Sophonisba Breckinridge)领导了美国社会工作教育运动。该馆藏包括通信、剪报和文章。

4. 弗洛伦斯·凯利的馆藏(1894—1981)。弗洛伦斯·凯利(Florence Kelley)是社会工作者、改革家、律师、妇女参政论者和社会主义者。该馆藏包括记载她在赫尔之家的居住情况、芝加哥劳工运动的形成、校际社会主义学会、1909 年全国有色人种协进会（National Association for the Advancement of Colored People)、妇女和平党(Women's Peace Party)和国际妇女争取和平与自由联盟的书信文件集。

5. 朱莉娅·莱思罗普的馆藏(1898—1921)(Julia Lathrop Collection，1898‐1921)。莱思罗普是社会工作者兼活动家，帮助创建了伊利诺伊州少年法庭制度。该馆藏包括文章、通信、剪报、著作和演讲。

是否有团契：否

新墨西哥大学西南部研究中心（The University of New Mexico Center for Southwest Research）

地址：Zimmerman Library，1 University of New Mexico，MSC05

3020，Albuquerque，NM 87131－0001

电话/传真： 505－277－6451

电子邮件： cswrref@unm.edu

网址： elibrary.unm.edu/cswr

馆藏： 手稿、书籍、政治档案、画报馆藏、安德森阅览室（Anderson Reading Room）馆藏、大学档案。

主题： 新墨西哥州、西南部和墨西哥的政治、经济和社会史。政治家、历史学家和文学家、建筑师、活动家、律师、当地家庭、组织与企业的书信文件集和记录。包括通信、口述史、剪贴簿、日记、文学手稿、未发表的报告、财务记录、法律文件、宣传画、地图和录音/录像。

1. 索菲·D. 阿伯利的书信文件集（1913—1987）（Sophie D. Aberle Papers，1913－1987）。涉及普韦布洛和纳瓦霍印第安人、一般的印第安人问题，包括搬迁问题。包括索菲·D. 阿伯利（Sophie D. Aberle）在联合普韦布洛机构（United Pueblos Agency），美洲印第安人权利、自由和责任委员会（Commission on the Rights，Liberties，and Responsibilities of the American Indian），以及国家科学委员会（National Science Board）任职期间的记录。

2. 罗伯特·L. 安德森的美洲印第安人运动的书信文件集（1973—1996）（Robert L. Anderson American Indian Movement Papers，1973－1996）。包括与当代印第安人问题和杰出的美洲印第安人有关的通信、新闻剪报、出版物、盒式录音带、录像带和纪念品：联邦调查局文件、美洲印第安人运动（American Indian Movement，简称 AIM），以及伦纳德·佩尔蒂埃（Leonard Peltier）、罗素·米恩斯（Russell Means）、丹尼斯·班克斯（Dennis Banks）、沃德·邱吉尔（Ward Churchill）、蒂姆·吉亚戈（Tim Giago）、克莱德（Clyde）和弗农·贝勒库尔特（Vernon Bellecourt）等人。

3. 阿拉莫纳瓦霍人的口述史项目（1977—1984）（Alamo Navajo Oral History Project，1977－1984）。访谈新墨西哥州西南部阿拉莫纳瓦霍保留地的人们，讨论了纳瓦霍人的亲属关系模式、日常生活方式、历史和文化。包括阿拉莫复兴会议和背景研究材料（项目描述、有关阿拉莫纳瓦霍人血缘关系制度研究的硕士论文、关于卡托西托和阿拉莫纳瓦霍部落的人种史学报告、人口普查数据和通信）。

4. 全国印第安青年委员会的记录（1935—2000）（National Indian Youth Council Records，1935－2000）。包括行政与组织事务和活动，如投票权保护、美洲印第安人宗教自由问题、政治参与项目、条约权利保护、公共教育、国际事务和职业培训/安置。

139　　5. 新墨西哥州印第安人事务办公室的记录和研究材料（1936年至今）（New Mexico Office of Indian Affairs Records and Research Materials，1936－ongoing）。包括通信、报告、审计、人事记录、出版物和其他行政记录、剪报和文献，这些材料与新墨西哥州和其他各州、各地区、全国印第安人组织机构有关，包括全印第安人普韦布洛委员会（All Indian Pueblo Council），以及与印第安人联邦立法有关的材料。

6. 圣菲印第安学校馆藏目录：第一个 100 年项目（1986—1987）（Inventory of the Santa Fe Indian School：The First 100 Years Project，1986 - 1987）。圣菲印第安学校的学生、员工和教师的口述史访谈；抄本；照片复印件；展览目录；普韦布洛人、纳瓦霍人、阿帕奇人的各种传记、通信和剪报，以及非印第安人的材料，内容涉及印第安学生的生活、联邦学校的政策、学校管理、部落和社区的参与，以及印第安文化的生存。

是否有团契：否

杜兰大学阿米斯特德研究中心（Tulane University，Amistad Research Center）

地址：Tilton Hall，Tulane University，6823 St. Charles Avenue，New Orleans，LA 70118

电话/传真：504 - 862 - 3222/504 - 862 - 8961

网址：http://www.tulane.edu/~amistad/index.htm

馆藏：艺术、档案和手稿、照片、数字档案。

主题：美国最古老、最大、最著名的专门研究非裔美国人历史的独立档案。

1. 美国传教士协会档案（American Missionary Association Archives）。此协会是 1846 年由几个早期传教士团体组成的废奴主义和跨教派组织。1839—1841 年，美国传教会协会的大多数创始人参与了保卫阿米斯特德非洲人(Amistad Africans)的行动。美国传教士协会坚定地致力于社会正义,并将其工作重点放在废除奴隶制,援助以前被奴役的人民,改善印第安人的待遇,援助移民人口,以及满足在外国的人民的需要上。1847—1865年,美国传教士协会创建和/或支持了285座反奴隶制的教堂,并委任45名废奴主义者为美国巡回牧师。在南北战争期间和之后,美国传教士协会为自由民建立了数百所学校,包括菲斯克大学(Fisk University)、勒莫因-欧文学院(LeMoyne-Owen College)、亚特兰大大学(Atlanta University)、图加卢学院(Tougaloo College),以及许多其他高等教育机构。该组织对教育和社会正义的承诺一直延续到20世纪。

2."拯救我们的学校"的馆藏(1957—1962)(Save Our Schools Collection,1957-1962)。"拯救我们的学校"是一个非营利性组织,1960年由新奥尔良的相关家长和市民创立,他们希望在一体化时期保持路易斯安那州的全州免费公共教育。该馆藏包括通信、公司章程、会议记录、通讯、报告和出版物。大部分馆藏是1960—1962年报纸文章的影印本。

是否有团契: 否

阿肯色大学小石城分校/塞阔亚研究中心(University of Arkansas at Little Rock/Sequoyah Research Center)

地址: 301A Ottenheimer Library,2801 S. University Avenue,Little Rock,AR 72204-1099

电话/传真：501‐569‐8336/501‐371‐7585

电子邮件：dflittlefiel@ualr.edu 或 jwparins@ualr.edu

网址：anpa.ualr.edu/default.htm

馆藏：书目、数字图书馆、手稿、《切罗基凤凰报》索引、《切罗基倡导者》(*Cherokee Advocate*)索引、"血泪之路"(Trail of Tears)。

主题：美洲印第安人、阿拉斯加州因纽特人和加拿大第一民族(First Nations of Canada)生活的方方面面。印第安人新闻档案、当代印第安人报纸、期刊和其他出版物；原住民手稿和特藏；新闻史和文学作品。

1.《切罗基凤凰报》索引。《切罗基凤凰报》是美洲印第安人发行的第一份报纸，刊登切罗基人的法律和公共文件、当时的相关新闻，以及其他旨在引导切罗基人走向"文明"的各种信息。

2.《切罗基倡导者》索引。1844—1906 年，由切罗基族出版。 141
这是全国唯一一份由部落拥有并出版的报纸。为其切罗基族读者提供有用的信息，并为美国读者提供关于切罗基人的准确信息。

是否有团契：否

加利福尼亚大学伯克利分校/Hoh-Kun Yuen 社会运动档案馆 (University of California, Berkeley/Hoh-Kun Yuen Social Movement Archive)

地址：Bancroft Library, University of California, Berkeley, CA 94720‐6000

电话／传真： 510－642－6481/510－642－7589

电子邮件： jberry@library.berkeley.edu

网址： www.docspopuli.org/articles/Yuen.html

馆藏： 馆藏正在处理中。加利福尼亚大学伯克利分校民族研究图书馆（UC Berkeley Ethnic Studies Library）、加利福尼亚大学伯克利分校班克罗夫特图书馆（Bancroft Library，UC Berkeley）和加利福尼亚大学伯克利分校社会变革研究所（Institute for the Study of Social Change，UC Berkeley）的一项合作项目。

主题： 20 世纪六七十年代的社会运动。来自自由言论运动（Free Speech Movement）、第三世界学院（Third World College）动员会、联合农场工人（United Farm Workers）、旧金山州立大学（San Francisco State University）学生罢工、黑豹党、美洲印第安人运动、国际酒店动员会（International Hotel Mobilizations）、停止征兵周（Stop the Draft Week）、妇女运动的多媒体原始文献。还有组织传单、地下报纸、照片、海报、影片，以及集会、抗议、辩论和会议的早期录音。太平洋网络和社区无线电台录音，包括纪录片、访谈和现场直播。

是否有团契： 否

马里兰大学档案馆和手稿部（University of Maryland/Archives and Manuscripts Department）

地址： University Libraries，2208 Hornbake Library，College

Park，MD 20742 - 7011

电话/传真： 301 - 314 - 2712/301 - 314 - 2709

电子邮件： http://www.lib.umd.edu/special/research/contact.html

网址： ww.lib.umd.edu/special

馆藏： 档案和手稿、数字文件、政府文件、媒体、珍本和专著。

主题： 记录马里兰州历史和文化、劳工史以及妇女组织的个人书 142
信文件集和档案馆藏。

1. 社会科学研究局的档案（1950—1986）（Archives of the
Bureau of Social Science Research，1950 - 1986）。包括用于非裔
美国人家庭和社区社会服务规划（例如，维持收入和农村医疗保健
服务的提供）的通信、研究笔记和报告。

2. 布克·T. 华盛顿书信文件集编辑项目的档案（1967—
1984）（Archives of the Booker T. Washington Papers Editorial
Project，1967 - 1984）。包括办公室文件和商业文件、大量的通
信、长条校样、索引，以及与 B. T. 华盛顿通信的人的传记笔记。
此馆藏尚未处理，但有初步的馆藏目录可用。

3. 马里兰州工程项目管理局的档案（1933—1943）（Archives
of the Work Projects Administration in Maryland，1933 - 1943）。
马里兰州工程项目管理局、马里兰州紧急救助管理局（Maryland
Emergency Relief Administration）和土木工程管理局（Civil
Works Administration，简称 CWA）的记录。主题包括马里兰州
的教育和社会福利。

4. 国家公共广播档案（National Public Broadcasting Archives）。这是美国非商业性广播的主要实体的记录。包括国家公共广播口述史项目的文本记录、音频和视频节目记录，以及口述史磁带和笔录。

是否有团契： 否

密歇根大学/本特利历史图书馆（University of Michigan/Bentley Historical Library）

地址： 1150 Beal Avenue, Ann Arbor, MI 48109 - 2113

电话/传真： 734 - 764 - 3482/734 - 936 - 1333

电子邮件： http://bentley.umich.edu/bhl/refhome/refform.htm

网址： bentley.umich.edu

馆藏： 手稿、档案、照片和印刷品。

主题： 密歇根州历史。

1. 政治和社会改革与激进主义（Political and Social Reform and Activism）的材料。包括与底特律政治、社会改革和激进主义有关的人和组织的手稿。

2. 阿瑟·邓纳姆的文件（1900—1980）。邓纳姆是马萨诸塞州和宾夕法尼亚州的社会工作者，密歇根大学从事社区组织研究的教授，第一次世界大战期间出于良心拒服兵役而被监禁的和平主义者。该文件包括通信、主题文件和研究材料、有关他作为和平主义者活动的材料，以及发表和未发表的文章。

143

3. 密歇根大学社会工作学院的记录(1935 年至今)[School of Social Work(University of Michigan) Records，1935 -]。包括会议记录、通信、课程记录和专题文件。

是否有团契：是

密歇根大学/拉巴迪馆藏（University of Michigan/Labadie Collection）

地址：Special Collections Library，711 Harlan Hatcher Library，7th floor，Ann Arbor，MI 48109 - 1205

电话/传真：734 - 764 - 9377/734 - 764 - 9368

电子邮件：special.collections@umich.edu

网址：www.lib.umich.edu/spec-coll/labadie/labadie.html

馆藏：照片、档案和手稿、主题立式档案箱、19 世纪法国政治审判的材料。

主题：社会抗议文学和极左派、极右派的政治观点。无政府主义、公民自由(强调少数族裔)、社会主义、共产主义、殖民主义和帝国主义、20 世纪 30 年代的美国劳工史、世界产业工人联盟(Industrial Workers of the World,简称 IWW)、西班牙内战、性自由、妇女解放、同性恋解放、地下刊物和学生抗议。

1. 国家跨性别者图书馆和档案馆(National Transgender Library and Archives)。包括与跨(社会)性别者和跨(生理)性别者状况有关的书籍、杂志、影片、录像、期刊和报纸文章、未发表的论文、照片、艺术品、信件、个人书信文件集、大事记和临时性文件。

　　2. 美国国外出生者保护委员会的记录(1926—1980)(American Committee for Protection of Foreign Born Records，1926‑1980)。该委员会成立于 1933 年，旨在捍卫在国外出生的美国人的宪法权利。该记录包括通信、行政文件、剪报和宣传文件、主题文件和专题文件，这些材料记载了为帮助那些面临驱逐出境或寻求入籍的个人，以及解决骚扰、歧视性立法和官方迫害问题所做的努力。

是否有团契：否

144 **明尼苏达大学/社会福利历史档案馆（University of Minnesota/ Social Welfare History Archives）**

地址：320 Elmer L. Andersen Library，222 21st Avenue South，Minneapolis，MN 55455

电话/传真：612‑624‑4377/612‑624‑4848

电子邮件：d-klaa@umn.edu

网址：special.lib.umn.edu/swha

馆藏：全国协会记录、个人书信文件集、当地机构、小册子、相关书刊，以及与性别有关的材料。

主题：记载节育、绝育、私生子、卖淫和性病、儿童福利和家庭关系、社区规划、娱乐活动、睦邻之家运动、艺术项目、预防保健、公共社会政策分析，以及私人和公共部门项目相互影响的组织记录和个人书信文件集。

1. 玛格丽特·贝里的书信文件集(1937—2001)(Margaret Berry Papers，1937‐2001)。M. 贝里是睦邻之家运动的非官方历史学家。该书信文件集包括记载社会服务雇员工会(Social Service Employees Union)、个体、社会福利组织，以及当地、国内和国际睦邻之家的个人书信文件集、剪报、备忘录与大事记。

2. 本杰明·E. 扬德尔的书信文件集(1916—1968)(Benjamin E. Youngdahl Papers，1916‐1968)。本杰明·E. 扬德尔(Benjamin E. Youngdahl)是公共福利管理者和社会工作教育者。该书信文件集包括个人书信文件集和专业论文，以及与哈里·杜鲁门(Harry Truman)、阿德莱·史蒂文森(Adlai Stevenson)、休伯特·汉弗莱(Hubert Humphrey)和约翰·F. 肯尼迪(John F. Kennedy)的通信。

3. 美国儿童福利联盟的书信文件集(1900—2003)。包括记载全国日间照料协会(National Association of Day Nurseries)与全国儿童之家和福利协会(National Children's Home and Welfare Association)的会议记录、备忘录、报告、通信、会议方案、出版物、专业标准、通讯和公告。

4. 让-尼古拉斯·特雷特的男同性恋者、女同性恋者、双性恋者和跨性别者研究馆藏。有涵盖所有时间段的书籍、未发表的手稿、立式档案箱和期刊。包括全国教育协会 GLBT[①] 核心小组

---

① GLBT，指男同性恋者、女同性恋者、双性恋者和跨性别者。——译者注

（National Education Association GLBT Caucus）、《女同性恋书评》（*Lesbian Review of Books*）档案、明尼阿波利斯/圣保罗男同性恋/女同性恋邮政雇员网络［Gay/Lesbian Postal Employees Network（PEN）of Minneapolis/St. Paul］,纸鹰（Paper Eagles）［明尼阿波利斯的《星论坛》（*Star Tribune*）雇员团体］,拉姆西县 GLBT 雇员网络（Ramsey County GLBT Employees Network），以及 GLBT 普赖德委员会所在地双子城的档案（archives of the Twin Cities – GLBT Pride Committee）。

5. 亨利街睦邻服务中心的书信文件集（1933 年至今）（Henry Street Settlement Papers，1933 – present）。包括记载了管理和项目的会议记录、通信、备忘录、报告、出版物、财务记录、剪报、照片、地图和通讯。主题包括移民和低收入群体、艺术、儿童照料、露营和青年活动、医疗保健、心理健康、老年人项目、消费者教育、少年犯罪、就业项目、成人教育,以及为无家可归者提供的服务。

是否有团契：是

北卡罗来纳大学教堂山分校手稿部（University of North Carolina at Chapel Hill，Manuscripts Department）

地址：Manuscript Department，4th Floor，Wilson Library CB 3926，UNC Chapel Hill，Chapel Hill，NC 27514 – 8890

电话/传真：919 – 962 – 1345/919 – 962 – 3594

电子邮件：www.lib.unc.edu/mss/mailref.html

网址：www.lib.unc.edu/mss

馆藏：南方历史馆藏、南方民间生活馆藏、大学档案、普通手稿。

主题：记载南方历史、文学与文化的日记、期刊、信件、通信、照片、地图、图纸、分类账、口述史、动态图像、相册、剪贴簿和文学手稿。

1. 美国南方的第一人称叙事（First-Person Narratives of the American South）。其中包括南方人（包括那些在他们那个时代声音不那么突出的人，如非裔美国人、妇女、士兵、劳工和印第安人）写的日记、自传、回忆录、旅行记录和前奴隶的叙事。

2. 北美奴隶的叙事（North American Slave Narratives）。包括记载 18 世纪、19 世纪和 20 世纪早期非裔美国人个体和集体故事的书籍和文章。涵盖 1920 年以前所有现存的关于逃亡者和前奴隶的自传体故事，这些自传体故事一直以英文的宣传画、小册子或书籍的形式出版。1920 年以前的逃亡者和前奴隶的传记与虚拟的奴隶叙事是用英文出版的。

是否有团契：是

南加利福尼亚大学／加利福尼亚州社会福利档案馆［University of Southern California/California Social Welfare Archive (CSWA)］

地址：Doheny Memorial Library 335，Los Angeles，CA 90089 - 0182

电话／传真：213 - 740 - 2587 或 213 - 740 - 4035

电子邮件：czachary@usc.edu

网址：www.usc.edu/libraries/archives/arc/libraries/cswa/index.html

馆藏：机构和杂项文件、加利福尼亚州社会福利档案馆的口述史、通信、会议记录、备忘录、年度报告、研究论文和通讯。

主题：加利福尼亚州社会福利的历史和多样性，重点关注南加利福尼亚州。加利福尼亚州社会福利和相关组织的记录、州内社会福利项目的发展、问题、议题和服务、个人书信文件集、慈善团体的角色、边缘化群体的历史、慈善协会和宗教团体。

杰西·E. 迪恩的书信文件集（1916—1943）（Jessie E. Dean Papers，1916‑1943）。杰西·E. 迪恩（Jessie E. Dean）是第一位在洛杉矶实习的接受过培训的社会工作者。该书信文件集包括专业论文、为"访问者"和学生社会工作者编写的教学培训大纲、县福利部（County Welfare Division）年度报告、关于社会福利状况的文章、期刊、重印本、小册子、文章、布道、研讨班笔记和副本、报告、教学材料、书籍摘录和大纲，以及大萧条时期的接收表。

是否有团契：是

韦恩州立大学/沃尔特·P. 鲁瑟图书馆（Wayne State University/Walter P. Reuther Library）

地址：The Archives of Labor and Urban Affairs，5401 Cass Avenue，Detroit，MI 48202

电话/传真：312‑577‑4024

电子邮件： reutherreference@wayne.edu   147

网址： www.reuther.wayne.edu/collections/alua.html

馆藏： 工会、劳工和城市事务、大学档案、口述史、视听材料。

主题： 美国劳工运动、工业工会主义，以及底特律和美国相关的社
会、经济和政治改革运动。

1. 美国农场工人联合会馆藏（Collections of the United Farm
Workers of America）。塞萨尔·查维斯的书信文件集（Papers of
Cesar Chavez）按时间顺序记载了他在农业移民劳工组织运动
（1959—1993）与联合农场工人工会（United Farm Workers
Union）中的工作和领导情况。

2. 1970年1月28日肯尼迪图书馆罗伯特·F.肯尼迪口述史
项目的塞萨尔·查维斯口述史访谈（Cesar Chavez Oral History
Interview，Robert F. Kennedy Oral History Program of the
Kennedy Library，January 28，1970）。塞萨尔·查维斯（Cesar
Chavez）讨论了他与罗伯特·F.肯尼迪（Robert F. Kennedy）的第
一次会面，以及他在联合农场工人组织委员会（United Farm
Workers Organizing Committee）的工作。

3. 美国汽车工人联合会馆藏（United Automobile Workers
Collection）。该馆藏记载了汽车工人及其工会的历史。

4. 美国教师联合会馆藏（American Federation of Teachers
Collection）。该馆藏包括著名领导者的个人记录和当地工会的
记录。

是否有团契：否

资料：相关期刊

学术期刊是优秀的二手资料。学术期刊通常是经过同行评议的期刊，它们发表原创研究和学术成果，或者以文章、评论文章和书评的形式评论现有研究。幸运的是，学术期刊上的许多文章现在可以在线阅读全文，而且可以通过大学图书馆访问。

Access History

Action Research

American Historical Review

148 *American Journal of Psychoanalysis*

American Journal of Psychology

American Journal of Public Health

Ankara Papers

Archival Science

Archivaria: The Journal of the Association of Canadian Archivists

Archives and Museum Informatics

ARL: Association of Research Libraries

Behavioral and Social Sciences Librarian

British Journal of Social Work

Bulletin of the History of Medicine

Canadian Social Studies

Cataloging and Classification Quarterly

Clinical Social Work Journal

College and Research Libraries

Columbia Journal of Historiography

Community Mental Health Journal

Comparative Studies in Society and History

Congressional Quarterly Researcher

Continuity and Change

Cromohs: Cyber Review of Modern Historiography

Cross-Cultural Research

Cultural and Social History

Cultural Studies, Critical Methodologies

Ethnohistory

European History Quarterly

Families in Society

Gender and History

Historian

Historical Journal

Historical Materialism: Research in Critical Marxist Theory

Historical Methods

Historical Research: The Bulletin of the Institute of Historical Research

Historically Speaking

Historiography East and West

149 *History*

History: Reviews of New Books

History and Memory

History and Theory

History of the Family

History of the Human Sciences

History of Psychiatry

History of Psychology

Innovation in Social Sciences Research

International Journal of Heritage Studies

International Journal of Mental Health

International Journal of Psychoanalysis

International Labor and Working Class History

International Review of Social History

Journal for Multimedia History

Journal of Behavioral Health Services and Research

Journal of Broadcasting and Electronic Media

Journal of Colonialism and Colonial History

Journal of Contemporary Ethnography

Journal of Contemporary History

Journal of Family History

Journal of Global History

Journal of Interdisciplinary History

Journal of Mixed Methods Research

Journal of Modern History

Journal of Narrative Theory

Journal of Policy History

Journal of Social History

Journal of Social Service Research

Journal of Social Studies Research

Journal of Social Work Research and Evaluation

Journal of Sociology and Social Welfare

Journal of the American Academy of Child and Adolescent Psychiatry

Journal of the American Planning Association

Journal of the Association for History and Computing

Journal of the History of the Behavioral Sciences   150

Journal of the Oral History Society

Journal of the Society of Archivists

Journal of Urban History

Journal of Women's History

Journal of World History

Library of Congress Information Bulletin

Limina: A Journal of Historical and Cultural Studies

Magazine of History

Martyrdom and Resistance

Mental Health Services Research

Narrative Inquiry

Oral History Review

Organizational Research Methods

Organization of American Historians Magazine

Past and Present

Perspectives American Historical Association

Phylon: The Atlanta University Review of Race and Culture

Political Psychology

Psychiatric News

Psychoanalytic Social Work

Public Historian

Qualitative Health Research

Qualitative Inquiry

Qualitative Report Qualitative Research Journal Quality and Quantity

Radical History Review

Research in Public Policy Analysis and Management

Research Strategies

Resources for Feminist Research

Rethinking History

Review of Policy Research

Reviews in History

Science and Society

Signs: Journal of Women in Culture and Society

Smith College Studies in Social Work

Smithsonian   151

Social Policy Journal

Social Research

Social Studies

Social Science History

Social Science Journal

Social Science Quarterly

Social Work

Social Work Research

Sociological Methods and Research

Studies in Qualitative Methodology

Transcultural Psychiatry

Urban History

Abbott, C., & Adler, S. (1989). Historical Analysis as a Planning Tool. *Journal of the American Planning Association*, 55, 467 - 473.

Abramovitz, M. (1996). *Regulating the Lives of Women: Social Welfare Policy from Colonial Times to the Present*. Boston: South End Press.

Addams, J. (1910). *Twenty Years at Hull House*. New York: Macmillan.

Barker, R. L. (1998). *Milestones in the Development of Social Work and Social Welfare*. Washington, DC: NASW Press.

Barrow, F. (2007). Forrester Blanchard Washington and His Advocacy for African Americans in the New Deal. *Social Work*, 52(3), 201 - 208.

Barzun, J., & Graff, H. (1992). *The Modern Researcher* (5th ed.). Boston: Houghton Mifflin.

Bell, J. (Ed.). (2002). *Biographical Dictionary of Industrialization and Imperialism*, 1880 - 1914. Westport, CT: Greenwood Press.

Bernstein, M. (2001). The Great Depression as Historical Problem. *Organization of American Historians Magazine*, 15(4), 1 - 15.

Berry, C. (2000). *A Confederate Girl: The Diary of Carrie Berry*, 1864. Mankato, MN: Blue Earth Books, a division of Capstone Press.

Bormann, E. B. (1969). *Theory and Research in the Communication Arts*. New York: Holt, Rinehart and Winston.

153 Bremner, R., et al. (1970). *Children and Youth in America: A Documentary History*, 3 vols. Cambridge, MA: Harvard University Press.

Breton, M. (2002). Empowerment Practice in Canada and the United States: Restoring Policy Issues at the Center of Social Work. *Social Policy Journal*, 1(1), 19 - 34.

Bullard, A. (2005). L'Oedipe Africain, a Retrospective. *Transcultural Psychiatry*, 42(2), 171 - 203.

Carlton-LaNey, I., & Burwell, N. Y. (Eds.). (1996). *African-American Practice Models: Historical and Contemporary Responses*. New York: Haworth.

Chauncey, G. (1994). *Gay New York: Gender, Urban Culture, and the Making of the Gay Male World*. New York: Basic Books.

Cohen, G. (2002). Missing, Biased and Unrepresentative: The Quantitative Analysis of Multisource Biographical Data. *Historical Methods*, 35(4), 166 - 176.

Cohen, G. B. (1984). Ethnic Persistence and Change: Concepts and Models for Historical Research. *Social Science Quarterly*, 65, 1029 - 1041.

Craver, K. W. (1999). *Using Internet Primary Sources to Teach Critical Thinking Skills in History*. Westport, CT: Greenwood Press.

Davies, K. (1996). Capturing Women's Lives: A Discussion of Time and Methodological Issues. *Women's Studies International Forum*, 19(6), 579 - 588.

D'Emilio, J. (1998). *Sexual Politics, Sexual Communities: The Making of a Homosexual Minority in the United States 1940 - 1970* (2nd ed.). Chicago: University of Chicago Press.

Denzin, N. K., & Lincoln, Y. S. (Eds.). (1998). *Strategies of Qualitative Inquiry*. London: Sage Publications.

Dunaway, D. K., & Baum, W. K. (Eds.). (1984). *Oral History: An Interdisciplinary Anthology*. Nashville, TN: Oral History Association.

El Saadawi, N. (1994). *Memoirs from the Women's Prison*. Berkeley: University of California Press.

Elton, G. R. (1965). *The Practice of History*. New York: Thomas Crowell.

Erlandson, D. A., Harris, E. L., Skipper, B. L., & Allen, S. D. (1993). *Doing Naturalistic Inquiry: A Guide to Methods*. Thousand Oaks, CA:

Sage Publications.

Eustace, N. (1993). When Fish Walk on Land: Social History in a Postmodern World. *Journal of Social History*, *37*, 75 - 91.

Fausto-Sterling, A. (2000). *Sexing the Body: Gender Politics and the Construction of Sexuality*. New York: Basic Books.

Fisher, R. (1999). Speaking for the Contribution of History: Context and Origins of the Social Welfare History Group. *Social Service Review*, *73* (2), 191 - 217.

Fisher, R., & Dybicz, P. (1999). The Place of Historical Research in Social Work. *Journal of Sociology and Social Welfare*, *26*(3), 105 - 124.

Fixico, D. (Ed.). (1997). *Rethinking American Indian History*. Albuquerque: University of New Mexico Press.

Floud, R. (1975). *An Introduction to Quantitative Methods for Historians*. London: Methuen.

Franklin, J. H. (1989). *Race and History: Selected Essays*, *1938 - 1988*. Baton Rouge: Louisiana State University Press.

Frisch, M. (1990). *A Shared Authority: Essays on the Craft and Meaning in Oral and Public History*. Albany: State University of New York Press.

Furay, C., & Salevouris, M. (2000). *The Methods and Skills of History: A Practical Guide*(2nd ed.). Wheeling, IL: Harlan Davidson.

Garraghan, G. J. (1946). *A Guide to Historical Method*. New York: Fordham University Press.

Gay, P. (1998). *Freud: A Life for Our Time*. New York: W. W. Norton.

Gelbart, N. R. (1998). *The King's Midwife: A History and Mystery of Madame du Coudray*. Berkeley: University of California Press.

Godfrey, D. G. (2002). Broadcast Archives for Historical Research: Revisiting the Historical Method. *Journal of Broadcasting and Electronic Media*, *46*(3), 493 - 503.

Goldman, E. (1977). *Living My Life*. New York: New American Library.

Gottschalk, L. (1969). *Understanding History: A Primer of Historical Method*(2nd ed.). New York: Alfred A. Knopf.

Grele, R. J. (1987). On Using Oral History Collections: An Introduction.

154

Journal of American History, *74*, 570 - 578.

Harman, D. (Ed.). (2007). *The Cambridge Companion to Narrative*. New York: Cambridge University Press.

Heckathorn, D. D. (1983). Formal Historical Analysis: Quantitative and Nonquantitative Approaches. *Social Science Journal*, *20*, 1 - 16.

Hill, M. R. (1993). *Archival Strategies and Techniques*. Qualitative Research Methods no. 31. Thousand Oaks, CA: Sage Publications.

Hudson, P. (2000). *History by Numbers: An Introduction to Quantitative Approaches*. London: Arnold.

Judd, C. M., Smith, E. R., & Kidder, L. (1991). *Research Methods in Social Relations* (6th ed.). New York: Holt, Rinehart and Winston.

Kelly-Godal, J. (1976). The Social Relation of the Sexes: Methodological Implications of Women's History. *Signs: Journal of Women in Culture and Society*, *1*, 809.

Kovel, J. (1988). *The Radical Spirit*, *Essays on Psychoanalysis and Society*. London: Free Association Books.

Laird, J. (1995). Family-Centered Practice in the Postmodern Era. *Families in Society*, *76*(3), 150 - 162.

Lambe, P. (2003). An Introduction to Quantitative Research Methods in History. *Journal of the Association for History and Computing*, *6*(2), 1 - 11.

Leiby, J. (1978). *A History of Social Welfare and Social Work in the United States*. New York: Columbia University Press.

Leighninger, L. (1987). *Social Work: Search for Identity*. Westport, CT: Greenwood Press.

Lorenzini, M. (2007). *New York Rises*. New York: Aperture.

Lubove, R. (1968). *The Struggle for Social Security*, *1900 - 1935*. Cambridge, MA: Harvard University Press.

Lubove, R. (1995). *The Professional Altruist: The Emergence of Social Work as a Career*, *1880 - 1930*. Cambridge, MA: Harvard University Press.

Magnússon, S. G. (2006). Social History as "Sites of Memory"? The

155

Institutionalization of History: Microhistory and the Grand Narrative. *Journal of Social History*, *39*(3), 891 - 913.

Margolin, L. (1997). *Under the Cover of Kindness: The Invention of Social Work*. Charlottesville: University of Virginia Press.

McLennan, G. (1986). Marxist Theory and Historical Research: Between the Hard and Soft Options. *Science and Society*, *50*, 85 - 95.

Neustadt, R., & May, E. (1986). *Thinking in Time: The Uses of History for Decision-Makers*. New York: Free Press.

Olson, N. B. (2001). Cataloging Three-Dimensional Artefacts and Realia. *Cataloging and Classification Quarterly*, *31*(3 - 4), 139 - 150.

Palevsky, M. (2002). Questioning History: Personal Inquiry and Public Dialogue. *Oral History Review*, *29*(2), 69 - 74.

Palombo, J. (1994). Incoherent Self-Narratives and Disorders of the Self in Children with Learning Disabilities. *Smith College Studies in Social Work*, *64*(2), 129 - 152.

Pardeck, J. T., Murphy, J. W., & Choi, J. M. (1994). Some Implications of Postmodernism for Social Work Practice. *Social Work*, *39*(4), 343 - 346.

Parton, N. (1994). The Nature of Social Work under Conditions of (Post) modernity. *Social Work and Social Sciences Review*, *5*(2), 93 - 112.

Piven, F. F., & Cloward, R. (1971). *Regulating the Poor: The Functions of Social Welfare*. New York: Pantheon.

Robyns, M. C. (2001). The Archivist as Educator: Integrating Critical Thinking Skills into Historical Research Methods Instruction. *American Archivist*, *64*, 363 - 384.

Roehner, B. M., & Syme, T. (2002). *Pattern and Repertoire in History*. Cambridge, MA: Harvard University Press.

Romanovsky, P. (1978). *Social Service Organizations*. Westport, CT: Greenwood Press.

Ross, E. (1976). Black Heritage in Social Welfare: A Case Study of Atlanta. *Phylon: The Atlanta University Review of Race and Culture*, *37*(4), 297 - 307.

Sands, R. G. (1996). The Elusiveness of Identity in Social Work Practice with Women: A Postmodern Feminist Perspective. *Clinical Social Work Journal*, *24*(2), 167 - 186.

Schick, J. B. M. (1990). *Teaching History with a Computer*. Chicago: Lyceum.

Schorske, C. (1980). *Fin-de-Siècle Vienna: Politics and Culture*. New York: Alfred A. Knopf.

Scott, J. W. (1986). Gender: A Useful Category for Historical Analysis. *American Historical Review*, *91*(5), 1053 - 1075.

Scott, J. W. (1991). The Evidence of Experience. *Critical Inquiry*, *17*(3), 773 - 797.

Simon, B. L. (1994). *The Empowerment Tradition in American Social Work: A History*. New York: Columbia University Press.

Simonton, Dean K. (2006). Presidential IQ, Openness, Intellectual Brilliance, and Leadership: Estimates and Correlations for 42 U.S. Chief Executives. *Political Psychology*, *27*(4), 511 - 526.

Steckel, R. H. (1991). The Quality of Census Data for Historical Inquiry: A Research Agenda. *Social Science History*, *15*(4), 579 - 599.

Tavakoli-Targhi, M. (2001). *Refashioning Iran: Orientalism, Occidentalism and Historiography*. New York: Palgrave Macmillan.

The African-American Mosaic. (1993). A Library of Congress Resource Guide for the Study of Black History & Culture. Ed. Debra Newman. Washington, DC: US Library of Congress.

Tomlinson, C. (1996). Sandor Rado and Adolf Meyer: A Nodal Point in American Psychiatry and Psychoanalysis. *International Journal of Psychoanalysis*, *77*(pt. 5), 963 - 982.

Welshman, J. (1999). The Social History of Social Work: The Issue of the "Problem Family," 1940 - 1970. *British Journal of Social Work*, *29*(3), 457 - 476.

Wenocur, S., & Reisch, M. (2002). *From Charity to Enterprise: The Development of American Social Work in a Market Economy*. Urbana: University of Illinois Press.

Woolf, V. (1941). *Between the Acts*. London, England: The Hogarth Press.

156

索引 [*]

---

   * 本索引中，数字为页边码，提示可在该页边码所在页面检索相关内容。——译者注

B

C

D

M

R

S

译后记

2008年,我在攻读博士的时候曾做过中国社会工作发展史的研究,当时阅读并整理了大量国内外相关研究文献,从中深切感受到社会工作历史研究的重要性。我在研究和写作的过程中发现,对一个从事社会工作历史研究的研究者来说,历史研究方法太重要了,同时感到自己所掌握的历史研究方法的匮乏,也引发了我学习社会工作历史研究方法的强烈渴望和兴趣。当我在2018年收到伊丽莎白·安·丹托女士所著的《历史研究》书稿时,我格外兴奋,如获至宝,同时也为能作为这部著作的译者感到格外荣幸。

这部著作的主体部分包括:导言 史学;第一章 史学方法;第二章 总体设计与方法;第三章 准备收集历史资料;第四章 历史资料的来源;第五章 资料分析;第六章 历史研究的表单和资源。具体来说,在这部著作中,作者同我们分享了社会工作中的史学是什么,社会工作研究方法的重要性在哪里,如何提出历史问题,如何书写历史,历史是什么,相关主题的历史是如何产生的,如何收集历史资料等。同时,作者阐释了经验史学、社会史学、文化史学、后现代史学、马克思主义史学等的实质内容。这部著作中还包含开展口述史访谈的指南，以及丰富的社会工作档案和特藏的馆藏清单，让我们得以了解美国现有的、可利用的原始资料的广度和深度。这些内容让我受益匪浅！

目前国内社会工作历史研究的著作不多，社会工作历史研究方法的著作也较少，希望这部著作的翻译和出版能给各位同行以及对社会工作历史和社会工作历史研究方法感兴趣的朋友们带来帮助。

翻译工作给我带来了很多挑战，感谢在翻译过程中曾守锤教授给予我的指导和支持，感谢上海教育出版社及其相关工作人员在此书出版中付出的辛劳。译文还有很多不足之处，请读者批评指正。

孙志丽

2020 年 2 月 14 日

图书在版编目（CIP）数据

历史研究 / (美) 伊丽莎白·安·丹托
(Elizabeth Ann Danto) 著; 孙志丽译. —— 上海: 上
海教育出版社, 2023.8
（社会工作研究方法指导丛书）
ISBN 978-7-5444-8540-1

Ⅰ.①历… Ⅱ.①伊… ②孙… Ⅲ.①社会工作 - 研
究 Ⅳ.①C916

中国国家版本馆CIP数据核字(2023)第154144号

Elizabeth Ann Danto
Historical Research
ISBN: 9780195333060
Copyright © 2008 Oxford University Press, Inc.
HISTORICAL RESEARCH was originally published English in 2008.
This translation is published by arrangement with Oxford University Press.
本书原版由牛津大学出版社出版，简体中文翻译版由牛津大学出版社授权。
版权所有，盗版必究。
上海市版权局著作权合同登记号 图字09-2021-0557号

责任编辑　孔令会
封面设计　王　捷

社会工作研究方法指导丛书
曾守锤　主编　安秋玲　副主编
历史研究
[美] 伊丽莎白·安·丹托　著
孙志丽　译

出版发行　上海教育出版社有限公司
官　　网　www.seph.com.cn
地　　址　上海市闵行区号景路159弄C座
邮　　编　201101
印　　刷　上海昌鑫龙印务有限公司
开　　本　890×1240　1/32　印张7.25　插页1
字　　数　143千字
版　　次　2023年10月第1版
印　　次　2023年10月第1次印刷
书　　号　ISBN 978-7-5444-8540-1/K·0049
定　　价　49.00元

如发现质量问题，读者可向本社调换　电话：021-64373213